▶ 本书研究工作受国家自然科学基金项目（71372154）资助

# 系统劣化模式下的
# 生产维护决策

## 基于企业综合效益最大化的优化策略

邵　校　陈志祥／著

知识产权出版社
全国百佳图书出版单位
——北京——

图书在版编目（CIP）数据

系统劣化模式下的生产维护决策：基于企业综合效益最大化的优化策略/
邵校，陈志祥著. —北京：知识产权出版社，2020.10
ISBN 978－7－5130－7180－2

Ⅰ.①系… Ⅱ.①邵…②陈… Ⅲ.①企业管理—生产管理 Ⅳ.①F273

中国版本图书馆 CIP 数据核字（2020）第 176841 号

责任编辑：江宜玲　　　　　　　　　　责任校对：谷　洋
封面设计：博华创意·张　冀　　　　　责任印制：孙婷婷

# 系统劣化模式下的生产维护决策

## 基于企业综合效益最大化的优化策略

邵　校　陈志祥　著

| | | | |
|---|---|---|---|
| 出版发行： | 知识产权出版社有限责任公司 | 网　址： | http://www.ipph.cn |
| 社　址： | 北京市海淀区气象路 50 号院 | 邮　编： | 100081 |
| 责编电话： | 010－82000860 转 8339 | 责编邮箱： | jiangyiling@cnipr.com |
| 发行电话： | 010－82000860 转 8101/8102 | 发行传真： | 010－82000893/82005070/82000270 |
| 印　刷： | 北京九州迅驰传媒文化有限公司 | 经　销： | 各大网上书店、新华书店及相关专业书店 |
| 开　本： | 720mm×1000mm　1/16 | 印　张： | 9 |
| 版　次： | 2020 年 10 月第 1 版 | 印　次： | 2020 年 10 月第 1 次印刷 |
| 字　数： | 150 千字 | 定　价： | 48.00 元 |

ISBN 978－7－5130－7180－2

# 前　言

当今制造业面临两个重大转变（或者说两个革命），第一个是制造技术的转变（第四次工业革命的到来），也就是制造企业向工业 4.0 和智能制造的转变；第二个是商业模式的转变（商业模式革命）。互联网＋商业模式的出现，改变了消费者行为，顾客驱动的商业模式 C2B（Customer to Business）正在驱动制造模式从面向订单的 MTO（Make‐to‐order）生产向顾客驱动的个性化定制制造 CTM（Customer‐to‐make）模式转变。

工业 4.0 时代的制造系统是集成化、自动化、信息化、智能化高度结合的制造系统，这种制造系统通过互联工厂网络和物联网技术的数据传送，即时动态监控生产系统"健康信息"，保障在稳定一致的工作状态下生产高质量的产品，同时快速响应顾客个性化需求。为了实现工业 4.0 这种高鲁棒性和高柔性生产需求，学者提出工业 4.0 的"无忧化生产"（Worry‐free Production）理念（Jay Lee，2016）。"无忧化生产"的前提是生产系统要建立一个可预测的完美生产维护。

生产维护是生产管理的基础性工作，传统的生产管理把生产维护当成后勤保障。世界级制造系统——丰田公司的丰田生产方式（以后发展成精益生产），其经营核心的两个支柱——准时化和自动化，其本质和精髓是实现"双零"——"零库存"和"零缺陷"的制造目标。"双零"是一种完美的经营理念，要实现"零缺陷"的生产经营理念，生产系统也需要一个完美的生产维护策略。为此丰田公司推行全员生产维护的理念，把生产维护当成生产过程中一个系统性和全员性的工作，这是精益生产得以实现的保障。

在工业 4.0 的工厂中，精益生产理念和智能技术结合，将会使制造系统以更低的成本、更高的产品质量响应顾客需求。未来的制造系统是一种预测式生产系统，具有自省（Self‒aware）和自我预测（Self‒predict）的功能。面向工业4.0的智能预测式制造系统有以下优点（Jay Lee，2016）：第一，通过了解生产设备的实际状况，使维护工作在一个更加合适的时间进行，做到及时维护，降低运营成本。第二，最大限度提高设备的可用性和正常运行时间，提高运营效率。第三，系统衰退和设备状态可以和生产过程控制结合起来，以实现生产系统随时变化和产品质量稳定。

在线诊断和运营维护实时化是精益智能制造系统的核心功能，为此，生产维护决策就不是事后的事情，而是通过生产运营中系统状态的实时变化建立维护行动，这种基于系统运营状态特征的生产维护策略，就是一种预测生产维护策略。预测生产维护策略和传统的计划生产维护策略显著的不同在于，它是数据驱动和模型驱动的，根据生产系统实时运行状态数据，建立决策优化模型，做到维护实时和及时。本书提出系统劣化模式下的生产维护决策研究，就是探索实现这个新的生产维护思想的管理技术手段。

为了响应面向工业4.0的制造系统智能化变革和顾客需求驱动的商业模式转变，探讨生产维护模式从计划生产维护向预测式集成生产维护模式的转变，本书基于制造系统的市场竞争性考虑生产维护问题，提出了以优化制造系统整体盈利性为目标，以马尔可夫随机过程理论为工具，考虑制造系统具有多种马尔可夫随机劣化模式下的生产维护决策。鉴于此，本书主要研究了产品市场需求随机的情况下产品合格率随系统劣化而衰减的劣化制造系统的生产维护决策问题，试图为理论研究人员及企业管理人员提供一定的理论参考与管理启示。

本书具体研究了四个问题——渐变式马尔可夫劣化模式下制造系统的生产维护决策问题、突发性失效马尔可夫劣化模式下制造系统的生产维护决策问题、多级渐变式马尔可夫劣化模式下制造系统的生产维护决策问题以及多级突发性失效马尔可夫劣化模式下制造系统的生产维护决策问题。本书提出的基于企业综合效益最大化和市场需求响应的生产维护决策思维对研究先进制造环境下建立预测式集成生产维护管理策略有重要参考价值。

在理论上，传统的制造系统生产维护决策存在如下不足：①缺乏对企业整体利益的考虑，单纯从生产维护管理的后勤功能出发，没有将生产维护问题放在企业运营决策层面考虑，忽视了制造系统劣化对整个企业的影响；②没有考虑生产维护决策对生产计划运行、产品质量控制等运行成本和企业利润变化的影响，没有从企业整体利益的角度来优化生产维护决策，仅仅从维护成本最小化的角度去优化维护决策；③没有从市场需求响应的角度考虑生产维护问题，仅仅从企业内部的系统可靠性和经济性考虑，没有把生产维护决策和企业响应市场需求联系起来，优化生产维护决策。鉴于传统的生产维护决策的不足，本书用一种新的视角来研究生产维护决策问题，以优化企业整体利润为目标，以响应市场需求为出发点，考虑制造系统在多种劣化模式下的生产维护决策和优化。这种新视角和优化策略，把制造系统的生产维护决策放到企业运作的整体系统中考虑，是一个战略性的生产维护决策思维，具有创新性。

　　此外，当前的中外文献中缺少对多级制造系统的制造维护问题的研究。相对于单级制造系统而言，多级制造系统的劣化对整个企业制造水平的影响更大。每一个阶段的停机都会造成整体的停机。同时，无论哪一级制造系统劣化引起的产品质量问题，都会影响最终产品的质量。因此本书把单级的生产系统维护决策扩展到多级的生产系统维护决策，使理论上具有创新性。

　　在实践中，出于企业职能分工的原因，工厂在制订生产维护策略时缺乏整体思路。随着精益生产模式在企业的推广，工业4.0的应用和企业向智能制造方向转型，越来越多的企业推广精益生产理念，应用智能生产设备来组织生产，在这样的情况下，生产维护决策的整体性思维就变得非常重要了。生产维护不是简单地维持生产的正常、提高系统的可靠性那么简单。生产维护需要和企业的生产计划执行、产品质量控制，以及企业对市场需求的响应能力紧密联系起来，提供给生产运营管理决策者实时的生产设备的状态信息，以便更好地做出生产决策。特别是在工业4.0和智能制造等先进制造环境下，生产维护需要通过智能的信息监控系统，通过工业物联网技术，把生产计划执行信息、产品质量状态和企业对市场的响应效果结合起来，制订出能实时响应市场需求的、综合优化企业整体利益的生产维护计划，只有这样，生产维护计划才是一个有效计划。本书研究所构建的生产维护决策理论与方法，其出发点和目标就是为企业找到这种决策思维提供一个思路。基于这个思路，本书在生产维护决策的建模中把生产维护引起的相关成本——质量成本、生产成本、库存成本、延迟交货成本等集成到决策模型中，构建了综合考虑制造系统多方面因素的生产维护策略决策模型，寻找能使企业综合效益（总利润）最大化，随机响应市场需求的生产维护计划，遏制或减缓生产系统劣化行为，提高企业经营的综合效益。因此实践上,本书的研究具有重要的管理启示。

本书研究工作在构思上和研究方法上都有一定的新颖性,它突破传统的生产维护决策的一般思路,把生产系统当成一个整体作为生产维护的对象,和一般地把设备当成维护对象不同。这种思想其实是从生产运作管理的整体出发看待生产维护,而不是从设备管理的角度看待生产维护,因此本书把系统科学的系统思想用到研究中,系统思想贯穿整个研究过程。

本书的研究工作是国家自然科学基金项目(71372154)的研究成果的一部分,我们深入多家制造企业考察,了解到企业生产过程中生产管理和设备管理中存在的问题,结合在国家基金课题中提出的考虑不完备生产条件的运作管理理论,最后确定这个研究论题。实际上,生产维护决策的研究问题是多方面的(维护包括检查、测试、系统修理、设备更换等活动),本书所研究的只是生产维护决策一个方面的问题——维护时间周期问题,即维护计划问题,其他维护决策问题,如维护备件库存管理、维护人员调度、设备更换投资决策等都没有涉及,而且不同的维护制度下的生产维护管理策略也不同,决策问题也不同。另外,当今生产维护决策研究的一个主流趋势是把生产维护和生产管理其他决策问题结合起来开展联合决策优化,由此产生的许许多多的新问题有待我们今后不断学习和研究。

由于作者水平有限,错漏之处,敬请读者批评指正。

邵　校　陈志祥

2019 年 6 月初稿

2020 年 5 月校对定稿于广州中山大学管理学院

# 目　录

# 第1章 绪　论

## 1.1　研究背景与问题提出

### 1.1.1　研究背景

制造业是立国之本、兴国之器、强国之基，提升制造业的制造水平是一个国家提高核心竞争力的重要手段（工业和信息化部，2016）。进入 21 世纪以来，制造业再次成为各国关注的重点。尤其是近十几年，世界上几个主要发达国家纷纷推出了"再工业化"计划，振兴或重振制造业已经成为许多经济体的优先发展方向（见图 1 – 1）。2015 年 5 月，中国国务院印发了《中国制造2025》十年行动纲领。世界强国的兴衰史和中华民族的奋斗史一再证明，没有强大的制造业，就没有国家和民族的强盛。打造具有国际竞争力的制造业，是我国提升综合国力、保障国家安全、建设世界强国的必由之路。

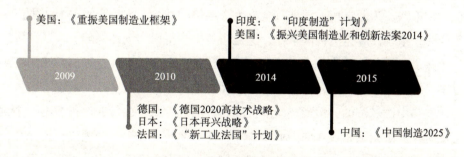

美国：《重振美国制造业框架》　　　印度：《"印度制造"计划》
　　　　　　　　　　　　　　　　　　美国：《振兴美国制造业和创新法案2014》

2009　　　2010　　　2014　　　2015

德国：《德国2020高技术战略》
日本：《日本再兴战略》
法国：《"新工业法国"计划》　　　中国：《中国制造2025》

图 1 – 1　各国制造业振兴计划

当前，我国制造业水平整体向好，但问题依然突出。其中一个显著的问题就是产品质量水平与国际先进水平仍有较大差距（国家制造强国建设战略咨询委员会，2018）。提升产品质量不仅是提升企业竞争力的一个重要举措，也是解决当前我国社会经济结构性矛盾的一个重要方法。党的十九大报告提出："我国社会主要矛盾已经转化为人民日益增长的美好生活需要和不平衡不充分的发展之间的矛盾"，"要深化供给侧结构性改革，把发展经济的着力点放在实体经济上，把提高供给体系质量作为主攻方向"。《中国制造2025》也指出，我们当前应以"提升质量控制技术，完善质量管理机制，夯实质量发展基础，优化质量发展环境，努力实现制造业质量大幅提升"为发展方向和奋斗目标。

制造型企业作为我国实体经济的主体，也是产品质量控制的主体，而企业实现产品质量有效控制的重要前提是保持制造系统的良好运行状态。制造系统与产业工人是制造型企业的生产基础，保持制造系统的良好状态和产业工人的高素质是企业提供优质产品的必要条件。随着我国在装备制造技术应用方面的持续进步，许多设备的自动化水平越来越高，人工使用率将会越来越小（Gobetto，2014），我国制造业也将由劳动密集型逐步向技术密集型转变。因此，制造系统的状态对企业正常生产经营的影响将越来越大。

为了提高产品质量、降低经营成本，我国许多制造企业在学习和大力推行丰田生产方式，以期通过精益生产管理，降低成本，提高质量，提高企业的竞争力。丰田公司的丰田生产方式（以后发展成精益生产），其经营核心的两个支柱——准时化（JIT生产）和自动化（质量控制），其本质和精髓是实现"双零"——"零库存"和"零缺陷"的制造目标。"双零"是一种完美的经营理念，要实现"零缺陷"的生产经营理念，生产系统就需要一个完美的系统维护策略。为此丰田公司推行全员生产维护的理念，把生产维护当成生产过程中一个系统性和全员性的工作，这是精益生产得以实现的保障。

除了以上与企业竞争力有关的质量问题需要企业从整体上提出系统的解决方案，提高制造系统运营水平，提高产品质量，中国制造业正在随着工业技术的发展和中国经济的转型面临新的挑战，经历两个重要的转变过程。第一个挑战和转变就是制造企业在向工业4.0和智能制造转变。第二个挑战和转变是新的商业模式的出现在改变企业的经营环境。互联网＋商业模式的出现，导致顾客驱动的商业模式C2B（Customer to Business）正在驱动制造模式从面向订单的MTO（Make‑to‑order）生产向顾客驱动的个性化定制制造CTM（Customer – to make）模式转变。

在工业 4.0 的工厂中，精益生产理念和智能技术结合，将会使制造系统以更低的成本、更高的产品质量响应顾客需求。未来的制造系统是一种预测式生产系统，具有自省（Self – Aware）和自我预测（Self – Predict）的功能。面向工业 4.0 的智能预测式制造系统具有以下优点（Jay Lee，2016）：第一，通过了解生产设备的实际状况，使维护工作在一个更加合适的时间进行，做到及时维护，降低运营成本。第二，最大限度提高设备的可用性和正常运行时间，提高运营效率。第三，系统衰退和设备状态可以和生产过程控制结合起来，以实现生产系统随时变化和产品质量稳定。

由此可见，无论是精益生产还是工业 4.0 和智能制造，制造系统生产维护对于提高生产效率和产品质量具有重要意义。近年来，随着全球制造业加快转型升级，生产系统复杂性不断提高，市场对产品质量要求日趋严苛，生产系统劣化在企业经营活动中表现出的问题日趋突出。生产维护是制造生产运作中的基础性工作，或者说后勤性工作，是保障生产顺利进行和保障产品质量的基础性工作（陈志祥，2017）。丰田生产方式追求的零缺陷的质量保障和零库存的准时生产理念需要良好的设备状态做保障。建立科学与完备的生产维护计划，是实现准时生产的"双零"基础，因此生产维护管理对于企业推行精益生产，实现工业 4.0 和智能制造转型有重要的现实意义。

## 1.1.2　问题提出

制造型企业的生产制造活动是将人力、能源、物资和信息等生产要素转换成有形的生产财富的过程（陈荣秋，马士华，2013）。从制造系统管理的角度来看，生产活动是制造系统的核心，具有牵一发而动全身的作用，生产过程中的任何风吹草动都将会对企业整个制造系统产生深刻的影响。制造系统中设备的任何磨损、老化必然引起制造系统的劣化。然而，制造系统的劣化对企业经营活动的影响是全面的，概括起来，其影响主要包括以下三个方面。

首先，生产系统的不良状态影响产品的质量水平（Inman et al.，2003；Bouslah et al.，2014）。生产系统劣化之后，其生产精度会大幅降低，进而影响其产品质量。对于多级生产系统而言尤其如此，每个生产阶段的质量问题都会叠加放大，使最终产品的合格品率大幅降低（Bouslah et al.，2018）。例如，著名的体育用品制造商——上海红双喜股份有限公司生产的 1 星、2 星品质的乒乓球与其 3 星品质的乒乓球之间的质量差异（包括弹跳高度、圆度、硬度等方面的差异）就主要是由生产系统劣化引发其制造精度降低造成的。保持生产系统良好状态，遏制或缓解生产系统劣化是生产高品质产品的重要保障。

其次，生产系统的劣化会降低生产系统的可靠性，造成系统随机失效进而打乱系统生产计划（Lu et al.，2016）。在传统的经济生产批量模型（EPQ 模型）及理想的 JIT 生产场景下都假设生产系统（设备）可以长时间正常运行而不发生随机故障，因而在人员配置、原料准备、库存控制、准时交货方面只需要按照前期计划按部就班地执行即可，各项生产要素的需求具有较强的可预测性。然而，在实际生产中由于系统劣化及可靠性降低，生产系统随机故障的发生是不可避免的。在企业内部物流中，系统随机故障会引起原材料和半成品的积压。在企业外部物流中，系统随机故障会引起交货延迟和缺货损失。

最后，生产系统的劣化使企业不得不维持较高水平的缓冲库存来抵御延迟交货风险。系统随机故障会打乱生产计划，降低产能，造成订单任务无法完成，严重时甚至造成订单流失，引起下游制造商停产，使企业信誉遭受打击（Masayuki，2009；Matsui，2016）。为了应对生产系统劣化造成的系统随机故障问题，企业销售部门不得不维持较高的缓冲库存以抵消故障引起的延迟交货损失。然而，过高的产品库存会降低企业的资金周转率。

为了应对生产系统劣化给制造型企业生产经营活动带来的巨大风险与挑战，企业就需要对生产系统进行维护管理，保证生产的正常和用最经济的产出满足顾客需要。

制定合理的生产维护策略是制造型企业健康发展的重要环节。随着生产的进行，设备构件的磨损、老化等，生产系统的劣化会不可避免地发生。然而，生产系统的劣化不仅会影响到产品的质量水平，更有可能造成随机失效进而影响生产进度。要维持生产系统的良好状态就必须对生产系统进行有效的维护管理。但过度维护不仅会造成系统的频繁停机，也会增加大量的设备维护成本。所以，对于制造系统而言，维护不足无法维持其良好的状态，但过度维护又会造成产能及人力物力浪费。那么找到合理的生产系统维护策略对制造型企业的经营发展就显得尤为必要。根据目前国内外的生产维护研究中存在的一些不足（详细见第 2 章文献综述），本书通过研究，主要回答如下几个问题。

第一，生产系统随着生产过程的推进，会出现系统劣化（Deterioration），制造系统有哪些典型的劣化模式？这些不同的劣化模式如何从理论上进行刻画？

第二，生产系统劣化对产品质量的下降产生影响，如何建立系统劣化和产品质量之间的内在联系？如何在维护决策中与质量控制问题联系上？

第三，生产维护决策对生产运营的影响是怎样的？站在企业整体利益最大化和市场需求响应的角度，影响生产维护决策的因素有哪些？这些因素如何通过生产维护决策的成本或者收益反映到生产维护决策模型中？

第四，从整体利益最大化和市场响应角度考虑生产维护决策能否为企业生产维护管理提供有价值的管理启示？

为了回答以上几个问题，我们提出以系统劣化模式下的生产维护决策为本书的研究课题，通过对制造系统的劣化过程的理论分析和不同的制造系统劣化模式下的生产维护决策模型的构建，并通过数值分析得到有关结论，完美回答了以上四个问题。

## 1.2　研究目的及研究意义

### 1.2.1　研究目的

本书以精益生产和智能制造系统为背景，通过综合考察生产过程中与生产维护有关的经济因素（成本和收益），研究产品合格品率随生产系统的劣化而衰变、产品市场需求随机背景下不同随机劣化模式下制造系统生产维护决策问题，构建不同劣化模式下的单级或多级劣化生产系统的生产维护决策模型，以企业综合效益最大化和市场需求响应为出发点，寻找最优化的生产维护策略，为理论界研究面向精益生产和智能制造等先进制造系统下的预测性生产维护策略和集成化生产维护策略提供新思路和新理论，同时为工业企业生产管理人员提供一定的管理启示和决策借鉴。

### 1.2.2　研究意义

本书研究一类随机产品需求环境下的技术密集型制造企业的生产维护决策问题。本书在已有理论的基础上，用马尔可夫过程模型来模拟企业制造系统的劣化，通过分析制造系统的运行、劣化及被维护引起的成本，计算企业整体效益（总利润），得到使平均毛利润最大的维护决策。本书无论是研究思路和研究方法，还是得到的结论都具有重要的理论与实践意义。

在理论上，传统的制造系统生产维护决策存在如下不足：①缺乏对企业整体利益的考虑，单纯从生产维护管理的后勤功能出发，没有将生产维护问题放在企业运营决策层面考虑，忽视了制造系统劣化对整个企业的影响；②没有考虑生产维护决策对生产计划运行、产品质量控制等运行成本和企业利润变化的影响，没有从企业整体利益的角度来优化生产维护决策，仅仅从维护成本最小化的角度去优化维护决策；③没有从市场需求响应的角度考虑生产维护问题，仅仅从企业内部的系统可靠性和经济性考虑，没有把生产维护决策和企业响应市场需求联系起来优化生产维护决策。鉴于传统的生产维护决策的不足，本书从一种新的视角来研究生产维护决策问题，以优化企业整体利润为目标，以响应市场需求为出发点，考虑制造系统在多种劣化模式下的生产维护决策和优化。这种新视角和优化策略，把制造系统的生产维护决策放到企业运作的整体系统中考虑，是一个战略性的生产维护决策思维，具有创新性。

此外，当前的中外文献中缺少对多级制造系统的制造维护问题的研究。相对于单级制造系统而言，多级制造系统的劣化对整个企业制造水平的影响更大。每一个阶段的停机都会造成整体的停机。同时，无论哪一级制造系统劣化引起的产品质量问题，都会影响最终产品的质量。因此本书扩展单级生产系统维护成为多级生产系统维护，从理论上具有创新性。

在实践中，由于企业职能分工的原因，工厂在制定生产维护策略时缺乏整体思路。随着工业 4.0 的发展和企业向智能制造方向转型，越来越多的企业应用智能生产设备来组织生产，在这样的情况下，生产维护决策的整体性思维就变得非常重要。生产维护不是简单地维持生产的正常、提高系统的可靠性那么简单。生产维护需要和企业的生产计划执行、产品质量控制，以及企业对市场需求的响应能力紧密联系起来，提供给生产运营管理决策者实时的生产设备的状态信息，以便更好地做出生产决策。因此在工业 4.0 和智能制造环境下，生产维护需要通过智能的信息监控系统，通过工业物联网技术，把生产计划执行信息、产品质量状态和企业对市场的响应效果结合起来，制定出实时响应市场需求、综合优化企业整体利益的生产维护计划，只有这样，生产维护计划才是一个有效计划。本书研究所构建的生产维护决策理论与方法，其出发点和目标就是为企业找到这种决策思维提供一个参考。因此本书研究对企业未来面向工业4.0和智能转型具有一定的参考价值。

## 1.3 研究方法及技术路线

### 1.3.1 研究方法

本书在文献梳理和分析的基础上，通过实际问题分析、数学建模、理论推导、算法求解、数值模拟、敏感度分析相结合的方式，在市场需求随机的情况下建立了单级或多级、渐变式或突变式劣化制造系统的综合效益（总利润）最大化模型，并给出了相应的求解方法，得到了最优的生产维护策略，并对一些重要参数做了敏感度分析。

首先，本书利用随机过程理论对生产系统的劣化过程进行理论刻画。具体来说，分别利用纯生过程、连续时间马尔可夫链模型、齐次马尔可夫链模型、半马尔可夫过程等多种随机过程理论建立系统劣化模型，为建立生产维护决策模型提供理论基础。

其次，应用生产维护管理理论、精益生产的持续改善思想思考生产维护决策问题，对随机市场需求下生产维护有关的各项成本做了系统全面的考察，构建与生产维护相关的企业运营成本计算模型——质量成本、库存成本、生产成本、缺货成本等，并建立优化企业综合效益最大化的维护决策模型。

再次，在求解模型的过程中主要运用了 MATLAB 数学计算软件与遗传算法。在本书提出的各个生产维护计划模型中，目标函数均为复杂的多目标混合整数非线性优化问题，决策变量多且约束复杂，常规方法无法满足求解要求，因此本书所有优化模型均使用遗传算法求解。

最后，通过模型的应用，对模型重要参数做了敏感度分析，找到了一些影响企业整体运营效益的生产维护因素。通过数值分析，归纳有关结论，借此给企业管理人员一定的管理启示。

### 1.3.2 技术路线

本书是在生产系统随机劣化及产品市场需求随机情境下，全面考察了企业的运营成本及效益，综合研究了制造型企业生产维护决策问题，具体技术路线如图1-2所示。

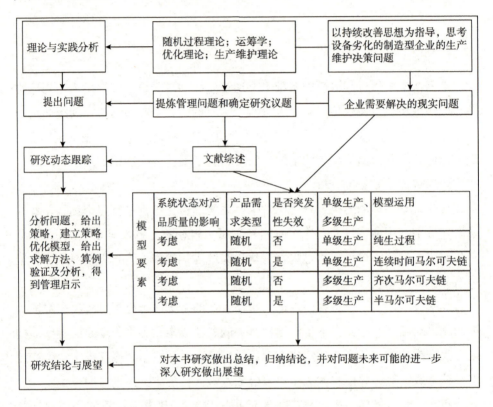

图1-2 本书技术路线

# 1.4 研究内容与本书结构

### 1.4.1 研究内容

本书主要研究了产品随机需求情境下，生产系统随机性劣化的生产维护决策问题。具体来说，本书是从不完备生产系统劣化模型入手，在产品需求随机、产品合格率随生产系统劣化而衰减的情况下，分别考虑企业的维护成本、启动成本、库存和缺货成本、生产成本、质量成本，建立多周期系统劣化过程模型，进而得到单位时间运行效益最大的生产维护决策优化模型并求解模型及分析部分参数，试图为企业管理人员提供一些有意义的管理启示。

生产系统劣化具有必然性、不可逆性及随机性等特点，是生产制造型企业面临的一个普遍问题。为了更加清晰地了解及解决生产系统劣化这一综合问题，本书通过两个维度（劣化模式、单级或多级生产）考察、研究了该问题。本书是在以上四个问题的基础上，完整地研究生产系统劣化的问题，用随机过程建模方法刻画生产系统劣化过程。本书中提到的维护均为完美预防维护（Perfect Preventive Maintenance），即修好如新（as good as new）（Zequeira et al.，2008；Chakraborty，Giri，2014）。如表 1-1 所示，本书研究内容可以分为四个方面，以下就各个方面的研究内容分别做出说明。

表1-1　本书研究内容

| 是否多级生产 ＼ 是否突发失效 | 否 | 是 |
|---|---|---|
| 否 | 渐变式马尔可夫劣化模式下制造系统的生产维护策略（第3章研究内容，纯生过程） | 突发性失效马尔可夫劣化模式下制造系统的生产维护策略（第4章研究内容，非齐次马尔可夫链） |
| 是 | 渐变式马尔可夫劣化模式下多级制造系统的生产维护策略（第5章研究内容，高维齐次马尔可夫链） | 突发性失效马尔可夫劣化模式下多级制造系统的生产维护策略（第6章研究内容，高维半马尔可夫链） |

首先，本书研究了合格品率随生产系统劣化而衰变的单级劣化生产系统生产维护决策问题。劣化生产系统是最为常见的一类生产系统，该类生产系统只渐变式劣化而不随机失效，其劣化引起产品质量衰变，造成人力物力的浪费。对该问题的研究旨在为使用该类型生产系统企业提供一种生产维护决策。

其次，本书研究了合格品率随生产系统劣化而衰变的会突发性失效的单级劣化生产系统生产维护决策策略问题。这类生产系统的劣化不仅会引起产品质量衰变，还会随机失效停机、打乱生产节奏。对该问题的研究旨在为使用该类型生产系统企业找到遏制生产系统劣化的维护策略。

再次，本书研究了合格品率随生产系统劣化而衰变的多级劣化生产系统生产维护决策问题。多级劣化生产系统是较为复杂的一类生产系统，常常出现在有多道工序的技术密集型制造企业。这类生产系统中的每一级生产系统的劣化，都会引起本级产品质量衰变，最终产品的合格品率是各阶段产品合格品率的叠加集成。对该问题的研究能够为使用多级劣化生产系统的企业提供生产系统管理工作的参考和依据。

最后，本书还研究了合格品率随生产系统劣化而衰变的会突发性失效的多级劣化生产系统生产维护决策问题。会随机失效的多级劣化生产系统相比之前提到的各类型设备更加复杂，其状态变化也更加多变随机，在其生产维护计划的制定过程中，需要考虑更多的因素。对该问题的研究旨在为多级劣化系统企业提供对应管理启示参考，为后来的理论研究者提供一定的理论基础。

本书对生产维护决策的建模综合考虑了生产系统劣化引起的质量控制问题、库存控制问题及生产计划问题，把生产维护相关的质量成本、生产成本和库存成本集成到决策模型中，目的是构建一种综合考虑制造系统的多方面因素集成的生产维护策略，找到能使企业综合效益最大化，随机响应市场需求的生产维护计划，遏制或减缓生产系统劣化，提高企业经营的综合效益。

## 1.4.2  本书结构

本书结构如图 1 - 3 所示。全书共分 7 章，其中第 3 ~ 6 章为主体部分。第 1 章为绪论部分，主要是综合、概括性地说明本书的内容。第 2 章为文献综述，回顾了之前有关学者对本问题的研究及其结果。第 3 章研究了渐变式马尔可夫劣化模式下制造系统的生产系统维护决策问题。第 4 章在第 3 章研究内容的基础上考虑了突发性失效的情况，研究了突发性失效马尔可夫劣化模式下制造系统生产维护决策问题。第 5 章将第 3 章研究的单级制造系统拓展到多级，研究了渐变式马尔可夫劣化模式下多级生产系统决策问题。第 6 章在第 3 章的基础上综合考虑了第 4 章的突发性失效问题及第 5 章的多级生产问题，全面研究了多级突变式失效马尔可夫劣化制造系统的生产维护决策问题。第 7 章对本书做出了总结，并给出了本书的研究结论及研究展望。

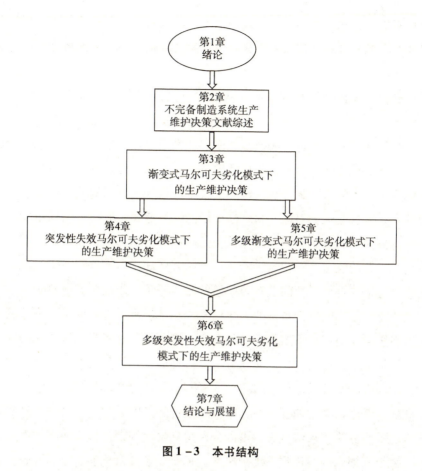

图 1-3 本书结构

# 1.5 主要创新点

本书对制造系统劣化模式下的生产维护决策问题进行了较为系统的研究，建立了不同劣化类型制造系统的生产维护决策模型并开发了相应的算法。本书在产品市场需求随机的情境下，以系统劣化作为问题的核心，同时考虑生产系统劣化引起的质量衰减，通过模拟单级、多级、渐变式劣化、突发性失效制造系统的劣化过程，研究了随机产品需求下系统劣化对各项成本的影响，得到了毛利润最大化的企业生产维护决策模型，并分析了部分参数的敏感性，得到管理启示。

本书研究具有如下方面的创新性。

创新点一：构建了单级渐变式马尔可夫劣化模式下制造系统生产维护决策模型并开发了相应的求解算法，提出了以状态为阈值的渐变式劣化制造系统生产维护计划模式。

已有的研究要么将制造系统（甚至仅仅是系统中的局部设备）作为唯一研究对象，仅仅研究设备本身的变化及维修问题，要么将设备维修与单周期经济生产批量模型相结合进行研究，忽略了产品质量的问题。虽然，某些学者在研究预防维修计划问题时考虑了产品质量与制造系统运行时间之间的关系，但他们侧重于设备维修方式方法的研究且模型假设较多，只能给企业维修决策部门做参考，缺少宏观上对生产与维修计划的统筹兼顾，有一定的局限性。在现实中，一方面产品合格品率会随着设备劣化而降低，如果放任设备过度劣化会造成生产资源的浪费和缺货风险增加，另一方面如果不允许设备正常劣化而过度维修又会造成维修资源的浪费及频繁的设备停机，影响生产效率。

基于此，本书从制造系统的劣化出发，在市场需求随机的条件下，综合考虑制造系统劣化引起产品质量水平的衰变，进而在分别考察了制造系统的生产成本、维护成本、启动成本、质量成本、库存成本、缺货成本以及收益的基础上构造了单级渐变式马尔可夫劣化模式下制造系统决策模型。

此外，考虑该模型的复杂性，本书在遗传算法的基础上，开发了针对该决策模型的求解算法。求解该模型可以分别得到每个周期最优预防维护设备状态阈值、每个周期内的最优预防维护次数、每个周期内最优设备空闲时长。企业管理层可以根据这几项参数制定出生产计划期内的完整生产维护计划。

创新点二：构建了单级突发性失效的马尔可夫劣化模式下制造系统生产维护决策模型并开发了相应的求解算法，提出了以生产批量数为阈值的突发性失效制造系统生产维护计划模式。

过去关于突发性失效的研究多以武器系统或能源系统为研究对象。虽然也有一些文献对制造系统的突发性失效做了研究，但其研究多是从系统可靠性入手，试图通过定期、不定期的预防维护减少系统的随机失效风险。此外，有关突发性失效制造系统的生产维护决策研究中，大多假设产品市场需求恒定，且几乎没有考虑制造系统的劣化及其对产品质量的影响。

为了弥补已有研究的一些不足，更加真实地刻画制造型企业的生产场景，本书在市场需求随机的条件下，以一个单级突发性失效马尔可夫劣化制造系统为研究对象，分别分析了生产系统的生产成本、维护成本、启动成本、质量成本、库存成本及缺货成本以及收益，构造了该类型制造系统生产维护决策模型。

此外，考虑到该模型的强非线性及混合整数的特性，本书还在遗传算法的基础上，开发了针对该决策模型的求解算法。求解该模型可以分别得到每个生产周期内两次维护间隔内最优生产批量数、每个生产周期内最优系统被维护次数、每个周期内设备空闲时长。基于这些最优化的决策变量，企业管理层可以完整地制订出生产计划期内每个生产周期的生产维护计划。

创新点三：构建了多级渐变式马尔可夫劣化模式下制造系统生产维护决策模型，提出了以生产批量数为阈值的多级渐变式劣化制造系统生产维护计划模式。

随着技术的进步及产品多能化的发展，制造系统的结构越来越复杂。多级渐变式失效制造系统就是一种典型的复杂制造系统，广泛应用于生产实际中。然而，由于该问题相对复杂，理论界的研究相对较少。目前已有的研究大多集中在单级生产制造系统的劣化及其维护决策方面，且设置的问题情境及问题研究方法往往比较单一。

为了弥补现有文献的不足，首先，本书在产品市场需求具有强随机性的情境下构造了一种多级渐变式劣化制造系统的生产维护决策模型。在该模型中，假设制造系统的劣化具有马尔可夫性，即系统的未来状态只与当前状态有关，而与过去的状态无关。本书分别分析了这类多级渐变式劣化制造系统的生产成本、维护成本、启动成本、质量成本、库存成本、缺货成本以及收益，构建毛利润最大化的生产维护决策模型。

其次，本书提出了一种针对高维马尔可夫链转移概率的降维计算方法。马尔可夫链模型对于求解随机问题有较好的优势，但对于高维问题往往是建模容易求解困难，尤其是在转移概率矩阵方面会遇到很多困难。因此现有文献中对高维马尔可夫链模型的使用相对较少。为了解决该难题，本书通过分析该马尔可夫链的状态转移图，将高维问题转化为一维问题，较好地解决了该类型模型转移概率求解难的问题。

最后，本书为应对复杂决策模型求解，在遗传算法的基础上，开发了针对该类型的多级制造系统生产维护决策模型求解算法。为找到本模型的最优解，本书对模型的约束函数和适应度函数方面做了一定的处理优化，使遗传算法较好地适应了各个模型，具备了较强的鲁棒性。求解该模型后可以分别得到每个生产周期内两次维护间隔内最优生产批量数、每个生产周期内最优维护次数、每个生产周期内系统空闲时长。企业管理者根据这些参数便可以得到毛利润最大的生产维护计划。

创新点四：提出了多级突发性失效的马尔可夫劣化模式下制造系统生产维护决策模型，提出了以状态为阈值的多级突发性失效制造系统生产维护计划模式。

对于一个串联多级制造系统而言，每一级制造系统的失效都会引起整个制造系统的失效。然而，一直以来学者们对制造系统的失效研究绝大部分为单级制造系统研究，且大多集中于设备可靠性研究方面，对突发性失效问题的研究很少，对多级制造系统的突发性失效问题研究就更少了。

为拓展该问题的理论研究，首先，本书在多级制造系统的劣化为半马尔可夫链的假设条件下，分别分析了该二级制造系统的生产成本、维护成本、启动成本、质量成本、库存成本、缺货成本以及收益，以每个周期内每个生产阶段最优预防维护设备状态阈值、每个生产周期内最优维护次数、每个周期内系统空闲时长为优化决策变量建立了企业毛利润最大化模型。

其次，本书提出了一种通过计算状态访问次数来求解复杂高维半马尔可夫过程的方法。对于复杂的高维马尔可夫链模型来讲，即使将其转化成一维马尔可夫链也非常复杂，难以求解。现有文献中尚没有较好的解决该问题的方法，为绕开这一难题，本书在分析该模型状态转移图的基础上，分析推导出了各个状态被访问次数间的关系，最终根据吸收状态的特性求得了每个状态的被访问次数，进而使问题得到了较好的求解。

# 第 2 章 不完备制造系统生产维护决策文献综述

制造系统生产维护是一个很重要的生产管理基础性保障工作。传统的生产维护主要针对设备而言。但是，随着制造系统的综合性发展，生产维护更加强调综合维护。生产维护理念有一个发展的历史，按照提出的时间顺序可以分为事后维护（Breakdown Maintenance，BM）、预防维护（Preventive Maintenance，PM）、生产维护（Productive Maintenance，PM）、维护预防（Maintenance Prevention，MP）以及全员生产维护（Total Productive Maintenance，TPM）等（McKone，1999；2001）。全员生产维护是日本企业在英国人创立的综合设备工程学基础上提出的全员参与的设备管理体系。设备维护的方式方法很多，但在制造业设备管理领域中，最常用的方法仍然是预防维护、生产维护（Márquez，2015）。其中，预防维护是指加强设备检查，对设备故障风险早发现早排除，使故障停机大大减少，提高生产效率，降低运营成本。相比于预防维护，生产维护更加贴近实际，更加精准，减少了浪费。生产维护是对部分不重要的设备仍实行事后维护，同时对重要设备通过检查和监测，实行预防维护。在这两种维护方式的基本框架下，结合现有工业技术及实际生产排程计划形成了诸如基于设备状态的维护（Condition – based Maintenance，CBM）（Xu et al.，2018；Xin et al.，2018）、基于设备年龄的维护（Age – based Maintenance，ABM）（Huynh et al.，2012）、基于设备可靠性的维护（Reliability – based Maintenance，RBM）（Jamshidi，Seyyed，2015）等。

作为生产运作管理与工业工程研究领域的一个基础问题，不完备制造系统（Imperfect Manufacturing System，IMS）的劣化（Deterioration）问题引起许多学者的关注（Cheng et al.，2014；Zhang et al.，2015）。在早期的研究中，生产系统劣化问题往往被看作一个孤立的问题，研究的侧重点在于减缓或遏制生产系统的劣化（Wang，2002a）。随着科学技术的发展，新技术、新理念、新方法在生产制造领域的应用层出不穷，现代生产设备的发展呈现出信息化、集成化、自动化、多能化、精密化和智能化的特点（潘家辑，2011）。生产系统变得越来越复杂，生产维护的任务也变得更加复杂，管理学者们考虑生产系统劣化的问题往往与其他问题相结合，情境更加具体，内容更加繁复（Horenbeek et al.，2013；Ding，2015；Rezaei‐Malek M et al.，2018a）。为了更好地认识、理解前人的研究工作，本章将对前人的研究做简单的梳理归纳，将该问题的最新研究成果归纳成三类——单级生产系统生产维护问题研究、多级生产系统生产维护问题研究以及生产系统其他有关问题研究，如图 2 – 1 所示。

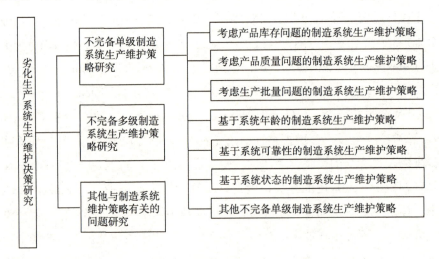

图 2 – 1　文献分类

## 2.1　单级不完备制造系统生产维护决策研究

制造系统劣化的危害可以归纳为以下三个方面：第一，生产系统的劣化会降低生产系统可靠性，造成系统随机失效，进而打乱系统生产计划（Kang，Subramaniam，2018）。第二，生产系统的劣化会引起产品质量下降，造成产品质量失控，进而浪费企业的人力物力（Cheng et al.，2018）。第三，生产系统的劣化使企业不得不维持较高水平的缓冲库存来降低缺货风险，提高了企业的运营成本（Bouslah et al. , 2013；Sarkar, Cárdenas - Barrón, 2014）。因此，本书将单级不完备制造系统生产维护决策问题的研究文献归纳为三类——考虑产品库存问题研究类、考虑产品质量问题研究类与考虑生产批量问题研究类。

### 2.1.1　考虑产品库存问题的制造系统生产维护决策

Abboud（2001）将企业库存水平与设备状态结合形成一个具有二维状态空间的马尔可夫链，他研究了随机失效生产系统最优库存上限，并给出了求解方法。其中，企业库存水平连续变化，设备状态离散，共有三个状态，分别为运行状态、在修状态和空闲状态。Wang 等人（2002b）在假设产品市场需求为一个 Erlang 流的基础上研究了设备不可靠生产系统，提出了一种以库存上下限为二维阈值的维护策略，并求出了综合成本最小的库存上下限。Wee 等人（2007）考察了不完备生产系统、不完美产品检测情境下的生产库存及延迟交货问题，提出了相应的库存及生产批量模型。Zequeira 等人（2008）研究了不完备制造系统，提出了最优生产维护计划，给出了最优预防维护间隔期及缓冲库存。Radhoui 等人（2009，2010）提出了随机失效生产系统的质量控制及维护策略问题，在该策略中设置了产品不合格品率阈值和缓冲库存阈值，通过该二维阈值控制设备生产和维护。Widyadana 和 Wee（2011，2012）研究了易逝品的不完备生产系统生产库存问题，对于这类型系统，设备随机失效且维护时长是随机的，设备失效后立即执行恢复维护。该作者认为易逝品制造企业管理者应该多关注产品生产率与需求率之间的匹配问题，二者对运营总成本影响最大。Kutzner 和 Kiesmüller（2013）运用马尔可夫过程模型模拟了设备随机失效的单级生产库存系统，研究了该系统在随机市场需求下的定期盘点库存问题。他认为库存管理人员可以不必考虑库存检查计划，而生产计划人员应该根据库存管理策略决定库存管理人员的库存检查间隔期。Liu 等人（2015）针对可生产多种产品的生产系统，建立了各种产品经济生产批量及生产模型，并给出产品生产转换及设备维护策略，最终求出了最优生产批量和设备维护间隔期。Modak 等人（2015）为 JIT 生产情境下生产库存系统设置了缓冲库存，研究了这类型生产系统的产品质量控制及预防维护策略问题，并给出了最优缓冲库存水平即预防维护间隔期。Sett 等人（2017）研究了允许缺货的受控/失控两状态不完备生产设备的生产检修策略问题，并优化了该系统的缓冲库存。该问题存在线上线下产品检测两种方式控制产品质量，其中线上监控为实时监控整个生产过程，线下监控则只在生产批量完成后发生。Fata 和 Passannanti（2017）研究了会随机失效的现代劣化生产系统库存控制及预防维护问题，提出了一种Age - based 构件更新策略，并给出了一种改进的蒙特卡罗求解方法。

### 2.1.2 考虑产品质量问题的制造系统生产维护决策

Rivera - Gomez 等人（2013a，2013b，2013c）考察了可靠性及产品质量衰减的劣化设备的生产、事后维护及预防维护综合决策问题，建立了半马尔可夫决策模型。文中涉及三类维护方式——完美维护、不完美维护及简单修复。研究发现随着设备年龄的增长，需要更频繁的维护去遏制生产系统劣化，并且设备的预防维护效果依赖于设备产品库存水平及设备年龄。Chiu 等人（2013）研究了设备失效与产品不合格品率随机的劣化生产系统生产维护联合决策问题，在中止/恢复库存控制策略下给出了该情境下的最优经济生产批量。Borrero 和 Akhavan - Tabatabaei（2013）应用马尔可夫决策模型研究了单机生产系统的生产维护决策问题并找到了最优工作量及生产时间计划，且作者认为由于不受设备年龄、最终产品及在制品的库存限制，所以其提出的模型实际使用效果好。Bouslah 等人（2014，2016，2018）针对可靠性衰变和质量衰变的单级多级生产系统，研究了生产、预防维护与质量控制联合优化问题，结合经济生产批量模型提出了相应的生产维护计划制定与质量控制综合策略。为应对设备随机失效风险，该作者采用备货型生产并设置了缓冲库存，认为设备可靠性会显著影响最优经济生产批量及安全库存的大小，建议企业管理人员在实际操作中综合考虑生产、预防维护与质量控制及产品库存问题。Nourelfath 等人（2016）研究了多产品多周期不完备生产系统的生产维护策略及质量控制联合决策问题。该研究设备状态被分为——可控与失控两种状态，在失控状态下设备会生产出不合格品。预防维护频率有一个最优值，当维护频率小于该最优值时，预防维护能有效降低产品质量控制成本；当维护频率大于该最优值时，预防维护对质量控制成本的影响有限，但会提高总运行成本。Lu 等人（2016）研究了单机劣化生产系统的预防维护与质量控制问题。作者认为，生产系统劣化会造成产品质量衰变及可靠性衰减，对设备进行合理的预防维护虽然会增加企业的维护成本但会降低整体运行成本，提高企业竞争力。Fakher 等人

（2017）研究了多设备多产品生产系统生产、不完美修复及检视综合决策问题。作者通过对比发现，相比于单独决策，综合决策得到的生产计划能有效降低总运营成本。Gouiaa – Mtibaa 等人（2017）考察了一个加速失效生产系统的生产、维护、质量控制、次品回炉再造等联合决策问题，建立了最优生产批量及预防维护次数。

### 2.1.3　考虑生产批量问题的制造系统生产维护决策

Chakraborty 和 Giri（2008，2009，2014）结合 EPQ 模型，研究了缺陷品返工重做的劣化生产系统生产维护综合问题，并给出了最优生产批量、检修间隔期及预防维护决策。在该研究中，生产系统分为可控（in – control）状态与失控（out – of – control）状态，不仅设备的劣化可能会引起系统失控，不完美预防维护也可能会引起失控。Sana（2010）考察了会失控不完备生产制造系统的经济生产批量问题。在该研究中，设备失控后会产生不合格品，设备持续运行时间越长，设备产品的合格品率越低。Liao 和 Sheu（2011，2013，2018）、Lin 等人（2011）先后结合学习效应理论，研究了被监控加速劣化故障生产系统的经济生产批量问题，提出了恢复维护与预防维护相结合的维护策略，给出了最优生产批量大小及预防维护间隔期内批量个数。在该研究中，系统劣化失控后会产生残次品，这些研究还考虑了残次品的再制造问题。Sabri – Laghaie 等人（2012）在设备的随机失效概率服从泊松分布的假设下，结合经济生产批量模型，研究了一类多产品多设备的复杂生产系统的设备排队维护问题，提出了相应的 M/M/c/m 排队模型。Jeang（2012）设置了二次质量损失函数模拟因生产系统劣化引起的质量衰变，并综合考虑了劣化随机失效系统的质量损失成本、库存成本、启动成本、维护成本，最后给出了最优生产批量及生产周期长度。Chen（2013）研究了劣化生产系统的质量控制、生产批量、预防维护以及检视的集成问题，并考虑了不合格品回炉再造和预防维护失误的问题。Chelbi 和 Ait – Kadi（2004）、Chelbi 和 Rezg（2006）研究了 JIT 生产中的设备随机失效及缓冲库存问题，针对该类型生产库存系统分别提出了定期维护策略及最小恢复维护问题，并求解了最优维护间隔期及缓冲库存。Nobil 等人（2016）针对多种类产品、多种类设备的生产系统提出了一种维护策略及经济生产批量模型，在该维护策略中各设备错峰维护，最后将该优化问题转化为一个两阶段优化问题，并提出了一种混合遗传算法。Lu 等人（2013）提出了一个随使用年限增长而劣化的生产系统的维护间隔时间与生产批量联合优化模型，综合考虑了启动成本、库存成本、生产成本和预防维护成本，最后将该模型转化为一个混合整数优化模型，并提出了一种三阶段启发式算法，用于求解该模型。Hsu（2013）针对带有产品质量检查错误、延迟交货及消费者退货的劣化生产系统，提出了两个生产批量优化模型。该研究将产品质检错误分为两类，第一类检查错误是将合格品鉴定为不合格品，第二类检查错误是将不合格品鉴定为合格品。Hou 等人（2015）在前人研究的基础上提出了自己的经济订货批量模型且证明有唯一最优值，作者认为预防维护成本对经济生产批量有很大影响。Jafari 和 Makis（2015，2016a，2016b）应用半马尔可夫决策模型，针对实时受监控的复杂劣化生产系统研究了经济生产批量模型以及预防维护联合优化模型。作者通过计算启动成本、库存成本、预防维护成本、恢复性修理成本、缺货成本，比较了传统的 Age－based 预防维护与本书涉及的生产维护策略优化模型，提出的模型是总运行成本更小。Salmasnia 等人（2017）为了解决传统研究假设条件脱离实际的情况，针对实时监控不完备生产系统，结合经济生产批量模型综合考察了产品库存、设备维护问题，并提出了一种改进粒子群优化算法，用于求解该问题。

## 2.1.4　基于系统年龄的制造系统生产维护决策

Castro 等人（2011）针对生产系统核心设备由磨损引起的劣化问题，在假设磨损过程为一个伽马过程的基础上提出了 Age－based 维护模型，给出了最优设备更新年龄。Nodem 等人（2011a，2011b，2011c）针对随机失效劣化系统提出了一种含有修复/更新设备及预防维护的综合维护策略，在该策略中设备年龄是控制设备是否被置换的一个指标：当设备年龄大于某阈值，则更新设备；若设备年龄小于该阈值，则修复设备。最后作者给出了使设备更新成本、设备修复成本、库存成本、缺货成本等综合运营成本最小的设备修复或更新的阈值。Dhouib 等人（2012）研究了一个由多部件构成的劣化生产系统质量控制、库存控制、生产维护联合决策问题，针对每个不同的构件实行 Age－based 维护策略，避免部分核心构件由可控状态转化为失控状态，最终给出了联合优化后的综合成本最小的设备维护年龄阈值及安全库存。结果证明预防维护能有效降低总运行成本。Huynh 等人（2012）研究了随机振动引起的生产系统劣化条件下单级可修系统的生产维护联合优化问题，综合比较了几种 Age - based 维护衍生模型，阐述各个模型的适用情境，并通过多个算例研究了各个模型的优缺点。该研究发现在 Age - based 维护策略添加最小修复能有效降低维护成本。Golmakani（2012）针对前人研究中忽略定期检视费用及如何确定合理检视时间点的问题，在多生产劣化系统的情境下，提出了一种两阶段方法来求得最优设备更新阈值及 Age - based 检视策略，并认为相比前人的研究，该研究中提出的模型更加贴近实际。Zhao 等人（2014）针对生产劣化系统，提出了两种组合维护策略，这些策略均有两个关键指标——设备年龄与生产周期数。在第一个策略中，当两个条件都达到阈值时就进行设备更换；在第二个策略中，当两个条件中的一个达到阈值时就进行设备更换。他认为第一种策略使用起来更加灵活，适用范围更广。Shafiee 与 Finkelstein（2015）针对由不同劣化速率构件构成的生产系统，为了降低启动成本，减少设备随机失效情况，建立一个两阶段 Age - based 维护策略模型，得到了设备最佳维护年龄。Yang 等人（2017）在外部冲击是一个非齐次泊松过程，且会导致设备立即失效的假设下，研究了因两类情况——内部磨损老化与外部受冲击而劣化的单级生产系统预防维护问题，提出了 Age - based 维护策略，给出了最优设备预防更新时间间隔、检视时间间隔以及检视次数。Nguyen 等人（2017）在失效概率服从威布尔分布的假设条件下，研究了可修系统的不完美修复问题，提出了 Age - based 预防维护策略。

### 2.1.5　基于系统可靠性的制造系统生产维护决策

因为军事设施对可靠性的要求极高，所以早期对设备可靠性的研究集中在军事装备领域。后来随着产业的发展和需要，设备可靠性的问题逐渐被生产管理从业人员重视起来。k - out - of - n 系统，又称表决型系统，是一种典型的以设备可靠性为核心要求的硬件系统。k - out - of - n 系统是指在由 $n$ 个部件组成的系统中，当至少有 $k$ 个部件正常工作时，系统才正常工作，否则失效（Asadi, Bayramoglu, 2006; Smidt - Destombes, 2009）。很多学者将 k - out - of - n 系统引入生产管理领域，提出了许多 Reliability - based 维护策略（Nourelfath et al., 2016）。此外很多学者从其他角度研究生产系统的 Reliability - based 维护策略（Abdul - Nour et al.，1988；Sun et al.，2010；Jamshidi，Seyyed，2015）。

很多学者从不同角度在不同情境下研究了基于设备可靠性的设备维护策略。Zhao 认为外部冲击会造成生产系统劣化，当劣化积累到一定程度就会失效。作者在此基础上研究了二手设备的 Reliability - based 生产与预防维护策略，综合得到了最优生产时间阈值、最优冲击次数阈值、劣化水平阈值，也提出了最优化设备更新置换模型（Zhao et al.，2012a；Zhao，Nakagawa，2012b）。Nakagawa 和 Zhao（2012）考虑到现代设备越来越复杂多样，针对一类复杂的单元构件数量随机的并联生产系统，在 Reliability - based 维护模型基础上，优化了设备更换模型及车间作业排程。Yuan（2012）研究了单元失效相互影响的复杂生产系统维护工人轮番休假问题，认为生产系统维护工人团队的大小及设备单元间的独立程度，对系统的可靠性均有影响且设备单元间的独立程度对系统可靠性的影响更大一些。Li 等人（2012）认为已有文献中将设备预防维护后设备的可靠性恢复至原始状态的假设不切实际，因此将每个生产周期每次的修复值设置为一个递减的数列，此基础上提出了自己的 Reliability - based 预防维护优化模型，得到了每个生产周期内总成本最小的预防维护次数。Bjarnason 等人（2014）提出了一个针对 k - out - of - n 系统的设备检视频率与备件库存水平的联合优化模型。在该模型中，当设备未失效时采取定期检视维护策略，采用最小维护的原则恢复设备正常运转状态，当设备整体失效时，更换所有失效构件。Manzini 等人（2015）认为对生产系统关键设备的维护非常重要，尤其对多构件构成的复杂系统而言，综合考察了设备生产商、设备使用者、设备维护服务提供者与设备的关系，提出了一种基于 Cost - based、Reliability - based 以及排程的混合整数优化模型。Babishin 和 Taghipour（2016）研究了一类被定期检视的 k - out - of - n 系统，由于部分构件的失效无法被发现，所以设备失效构件的数量会慢慢积累并最终失效。作者针对这个问题，提出了综合小修、预防维护、设备更换三种维护模式的维护策略，当设备小修数量达到某一阈值时便更换设备。Wei 等人（2017）研究了 k - out - of - n 系统的不完美诊断问题，提出了一种包含占优维护策略、基础维护策略及全局维护策略的解决办法，且对于该问题总是有一种全局维护策略存在。Diallo 等人（2018）对由大量构件构成的生产系统开发了一种在有限时间内修复失效构件，恢复生产的维护方式选择策略，引入了一种结合高效枚举模式和高维背包问题的两阶段方法，以最优地解决维护模式选择问题。Liao（2018）认为设备应该被定期维护以遏制其劣化。针对这类设备，作者综合考察了生产库存、设备维护及设备可靠性及经济生产批量模型问题，得到了最优经济生产批量及最优维护预防间隔期内生产周期个数。Shen 等人（2018）研究了受外部冲击的多构件劣化复杂设备的可靠性问题。作者认为系统各单元间是相互影响的，每个单元受外部冲击时，或者立即引起系统失效或者使系统加速劣化。

## 2.1.6　基于系统状态的制造系统生产维护决策

随着传感器技术的进步，设备状态被监控越来越容易、越来越全面，越来越多的企业在进行设备管理时使用基于设备状态的预防维护策略（Deloux et al.，2012；Zhou et al.，2014；Keizer et al.，2017）。相比于 Age - based 维护策略、Reliability - based 维护策略，Condition - based 维护策略更加直观，更加多样实用，应用范围也更加广泛（Zhang et al.，2013；2014）。对于该维护策略具体应用方式，很多学者对其进行了研究（Van，Bérenguer，2012；Poppe et al.，2018）。Huynh 等人（2011）、Castro 等人（2015）及 Rafiee 等人（2015）认为生产系统的劣化不仅来自内部磨损也可能来自外部冲击，设备管理人员应密切关注设备的状态，以提高企业生产维护管理决策依据的准确性与有效性。作者在假设内部磨损是一个非齐次泊松过程的条件下应用 Condition - based 维护模型研究了单级劣化系统的生产维护问题，提出了定期检视更换策略。Berrade 等人（2013）将设备状态分为三类——良好、不完美及失效，且假设设备一旦失效就会被检测到，不完美状态下的设备会产生次品，在设备状态监控的基础上提出了维护/置换模型，并求出了最优检视频率。Nguyen 等人（2014，2015）提出了一种针对多构件构成的复杂结构的生产系统的预防性 Condition - based 维护策略，在该策略中管理者以某构件可靠性的预测结果作为决策变量来对某构件进行预防维护。该预防维护包括构件置换与修复维护。Tian 等人（2014）认为 Condition - based 维护策略的主要作用在于通过充分利用设备监控信息及预测结果减少维护成本且提高设备可靠性，因此研究了充分利用设备检测信息及提高设备状态预测结果精确度的方法，减少预测误差及决策风险。Do 等人（2015）应用随机过程方法模拟了设备的劣化过程，基于对设备状态的实时监控，提出了一种完美修复与不完美修复相结合的设备 Condition－based 维护策略，给出了最优完美维护或不完美维护的可靠性阈值，同时研究了不完美修复对生产系统劣化过程的影响。Chen 等人（2015）应用带随机漂移的逆高斯过程模拟了异质性生产系统的劣化过程，研究了总运行成本最小化的 Condition－based 策略，提出了最优系统检视间隔期及构件更换频率，找到了最优综合维护策略。Peng 和 Houtum（2016）研究了不完备系统 Condition－based 维护策略与经济生产批量综合优化问题，分别考虑了启动成本、库存成本、缺货成本、预测/事后维护成本，得到了单位时间成本最小化的生产批量与 Condition－based 维护策略。Yao 等人（2016）研究了包含可修构件与不可修构件劣化生产系统预防维护问题，在该生产系统中存在两种类型的失效，第一种失效是指设备已功能性失效但状态参数尚未达到阈值，第二种失效是指设备尚有正常运行功能，但状态参数已经达到阈值。Jonge 等人（2016）认为 Condition－based 能够对多构件系统中的关键核心部件实施更加精准有效的维护，提出了多种预警的 Condition－based 维护策略，管理人员根据不同预警做出相应的决策。Poppe 等人（2018）针对状态被监控的多构件设备，提出了维护与更换相结合的定期预防维护和事后维护的综合维护策略，作者为系统设置了两个状态阈值，当系统状态到达第一个阈值时进行预防维护，当系统达到第二个阈值时进行更换，当系统随机失效时进行事后维护。

### 2.1.7 其他不完备单级制造系统生产维护决策

此外，还有学者针对特殊生产系统或特殊情境提出了一些相应的维护策略。Jonge 和 Jakobsons（2018）针对不连续随机被使用的设备，提出了 Block－based 维护策略，得到了最优预防维护间隔期，该间隔期会随着使用率的提高而减小。Wan 等人（2017）在工业 4.0 大背景下，综合考虑云计算、工业无线互联、智能制造等技术提出了设备预防维护的大数据解决方案，首先提出了该预防维护结构的架构方案，然后分析了数据收集方法，最后提出了预防维护方式，并将其结果与传统方法做了比较。Erkoc 与 Ertogral（2016）对高价值大型关键设备的维护、小修、大修的排程问题做了深入研究，建立了整数规划模型，提出了一种精确多项式时间算法，得到了最省时间的多方式维护计划。Zhao（2015）主要研究了系统单元的更换策略，将设备的更换分为三种类型——定期更换、定额批量维护、自由批量维护，得到了最优定期更换周期与最优定额及最优工作周期长度。Zhao（2016）也建立了一种定期维护与定额批量维护的综合维护模式，设定了一个二维阈值，无论是设备运行时间还是产品批量数，一旦达到阈值便开始维护，或者全部满足才进行维护，并比较了这两种策略。Zhao 等人（2013）还基于可靠性理论提出了一种有三个生产维护阈值的维护策略，这三个阈值分别是设备运行时间、累计磨损程度、外部冲击次数等，一旦设备状态达到其中任意一个阈值便开始对设备进行维护。Gao 等人（2015）开发了一种动态间隔期的预防维护策略，并将其结果与定期预防维护策略做了比较，发现动态间隔期维护策略能使运营成本更低。Ye 等人（2012）应用维纳过程模拟了构件的老化过程，研究了设备中老化零部件预防更换的问题，提出了一种单位时间运营成本最小的设备维护策略，并将 Block - based 更换策略与 Age - based 更换策略进行了比较，认为 Age - based 更换策略更优。Ahmadi 和 Newby（2011）研究了一类产出与状态息息相关的设备生产维护问题，假设设备生产的产品的缺陷情况无法被直接检测出来，但可以通过设备的状态间接获得。Safaei 等人（2010）应用多目标整数规划方法研究了 Use - based 预防维护策略对多机系统的影响，建立了单位成本最小化的生产维护模型，并通过交互式模糊规划求解了该模型，提出了最优 Use - based 预防维护阈值。

## 2.2　多级不完备制造系统生产维护决策研究

多级生产系统是指需由多构件、多站点、多阶段完成最终产品或服务的生产系统（Shi，Zhou，2009）。一般而言，多级生产系统的最终产品与每个阶段的产品质量水平息息相关。多级系统的研究带有天然的复杂性，虽然如此，很多学者仍然不畏艰难对此问题做了深入研究（Sarkar，Shewchuk，2013）。Lee 和 Unnikrishnan（1998）研究了生产系统的产品质量检测站的分配与布置问题，建立不完备产品检视优化模型，提出了三种改进的启发式优化算法，并将其与传统算法做了比较。作者认为这些算法相比传统算法在求解大规模问题时优势明显，即能够求解出大规模问题的近似最优值。Gössinger 和 Kaluzny（2013）基于 Condition - based 维护模式，开发了一种特定的设备状态连续监视模式和制定了合理的信息交换规则，确定了设备维护的触发条件，分析了触发条件对运营效果的影响，明确了调度维护作业的特定优先规则的组成，最后模拟了该决策机制，最终解决了复杂多级生产系统各单元构件的信息组合架构问题，为生产及设备管理者提供了良好的参考。Jiu 等人（2013）研究了一种由采煤阶段、洗煤阶段和装煤阶段三个连续阶段组成的采煤系统的设备检修调度问题。在该模型中，各阶段之间缓冲库存有限且某些设备对维护开始时间（STOM）有不同的偏好。首先将该问题转化为混合整数线性规划模型，然后提出一种混合遗传算法，得到了近似最优解。Paul 等人（2014）研究了一种会随机失效的两阶段批量生产库存系统在不同时间点发生突然中断或一系列中断的问题，建立了随机优化模型，提出了生产系统在任何阶段发生单一中断时的恢复计划以及一种处理一段时间内一系列中断获得最佳的恢复计划的新方法。Paul 等人（2015）还研究了一种混合生产环境下三阶段生产系统会随机中断的库存管理及生产恢复问题，考虑了新的中断可能影响或不影响先前中断恢复的情况，开发了能够实时实现一系列中断恢复的启发式算法，并将启发式算法的解与一组随机生成的中断测试问题的标准搜索算法的解进行了比较，结果显示启发式算法效率更高。Angius 等人（2016）研究了一种设备控制中心从传感器网络采集的状态监测信息中推断出临界机的实时状态的生产系统，提出了一种分析预防性维护对劣化制造系统服务水平影响的方法，结果表明该类型生产系统最优维护策略取决于机器的实际状况和生产目标完成时长，得到了面向服务水平的一般维护策略。Mohammadi 等人（2017）提出了一种新的鲁棒双目标混合整数规划模型，将生产成本和客户满意度作为两个相互冲突的目标函数，通过该模型解决了哪些质量特征需要什么样的检验以及什么时候对这些特征进行检验的问题，并通过检验计划，对质量特性进行了监测和符合性检验。Pooya 和 Pakdaman（2017）在设备状态存在时滞的情况下，将多阶段生产库存系统看成一个动力系统，建立了一种包含生产提前期的多阶段生产库存系统的线性二次最优控制模型，得到了非延迟模型的精确解和延迟系统的近似解。在该系统中，库存水平被视为状态变量，而需求和订货水平是控制变量。Rezaei - Malek 等人（2018b）针对线性劣化的串联多阶段制造系统中零件质量检验和预防性维护活动的综合规划问题，提出了一种混合整数线性数学规划模型，确定了零件质量检验和预防性维护活动的适当时间和地点，考察了包括生产、维护、检查、报废、更换和向客户发货的次品罚款等在内的总成本。结果表明，在不同时间段内确定生产线上的检验位置，可以使生产系统更加高效。Bouslah 等人（2018）研究了一个双机生产线模型，提出了一个结合数学和仿真的建模框架，联合优化了生产、质量和维护控制设置，减少了在外向质量约束下产生的总成本。结果表明，故障相关性对最优控制设置有显著影响，前一阶段的维护和质量控制活动对后续机器的可靠性提高具有重要作用。

## 2.3　其他有关研究

除了对以上问题的研究，很多学者对其他与劣化生产系统（设备）生产维护问题也做了研究（He et al.，2015）。Iwase 和 Ohno（2011）讨论了一个具有随机需求和生产能力的单项、多阶段、串行准时生产系统，应用离散时间的 M/G/1 型马尔可夫链建立 JIT 生产系统模型，导出了系统具有稳态分布的充要条件或稳定条件，利用矩阵分析法开发了一种性能评价算法。Shi 等人（2014）在管理人员根据客户到达时的库存水平确定生产水平和销售价格的情境下，考虑了一个由可靠性不完备的机器组成的生产一种产品的备货型生产系统，首先证明了最优生产和定价政策是一个阈值控制，其特征是在长期折现利润和长期平均利润标准下的三个阈值参数，并分析了最优销售价格应处于较低的三个阈值参数之间的结构关系。Shahriari 等人（2016）认为每个阶段允许的最大工作数量应该被限制以保持产品的质量，在此基础上，研究了单机 JIT 生产系统周期性预防性维护及调度问题，提出了总生产提前期和等待时间最小化的双目标混合整数模型，用多目标粒子群算法求解了该模型，并将计算结果与另外两种优化算法的结果进行了比较。Aghezzaf 等人（2016）从战术层面解决了生产计划与不完善预防性维护相结合的问题，解决了容易发生故障的制造系统，建立了不完善的预防性维护模型，并将该模型转化为一个混合整数非线性优化问题，并开发了一种修正优化迭代过程算法。

## 2.4　文献评述

经过文献梳理我们发现，不同学者对生产维护决策的研究是多角度、多侧面的，内容比较丰富。这些研究对不完备生产系统的生产维护问题进行了纵深式的研究，推动了生产维护理论与方法的发展，完善了该领域内的决策机制、决策理念以及决策思想。但是，目前的研究还存在若干不足及问题，有待于进一步研究和解决，具体如下：

（1）现有的研究往往将生产系统可靠性当成生产系统劣化的主要结果或唯一结果来研究，即遏制或减缓生产系统劣化的原因是提高设备可靠性（也可以描述成设备随机失效的概率）。然而，就生产系统而言，生产系统劣化造成的影响是多方面的，生产系统劣化不仅能使设备随机失效，也能使设备的生产精度降低进而影响产品的质量水平，即本书提出的产品质量随生产系统劣化而衰变。以往的研究很少把这种质量衰变和系统劣化联系起来构建决策模型，缺乏对基于不同的劣化模式下考虑质量衰变的生产维护决策的研究。

（2）现有的生产维护决策研究通常从设备管理人员的视角研究生产系统维护策略问题，割裂生产维护决策与生产运营（生产计划执行、需求响应和生产交货延迟等）之间的关系，在优化生产维护决策模型中没有将生产计划延迟造成的成本、库存成本等因素考虑进去，缺少集成的思维。本书把生产维护放在一个新的集成运营系统里优化生产维护决策，符合精益生产管理理念。

（3）现有的生产维护决策模型基本上是以维护成本最小化为目标的。然而，生产系统维护对生产运营的影响不仅是成本，正如上面所说的，它会影响企业的需求响应能力和生产计划执行及库存变动等。企业作为一个整体运作的系统，企业运营的最终目的是盈利，是为股东创造价值。因此，生产维护决策应该作为企业运营综合问题来研究，以市场需求响应和企业综合效益最大化为目标，建立新的优化决策模型，这种思路才能符合当前企业商业模式转变的要求，是以顾客驱动的新生产管理理念的体现。

（4）现有的研究以单级生产系统为研究对象居多，对多级生产系统的维护决策问题的研究不够。现代智能制造系统朝着多能化、复杂化方向发展，生产系统也变得更加复杂，因此多级生产系统的研究更加具有现实意义。鉴于此，理论界迫切需要加强对此问题的研究。

# 第3章 渐变式马尔可夫劣化模式下的生产维护决策

## 3.1 引言

　　本章研究的是单级制造系统劣化模式下的生产维护决策问题。所谓渐变式劣化就是当制造系统渐变式劣化时，制造系统只会从当前状态劣化至紧邻状态而不会转移至其他状态，更不会出现由远离失效状态直接转移至失效状态的情况。单级制造系统并不是只有一道工序的制造系统，而是高度相关的一系列工序的集成的制造系统。本章考虑的单级劣化系统仅会逐渐劣化而不会突然失效。

　　由于制造系统的劣化在生产实践中是一个较为常见的问题，许多学者对其进行了研究。从前面文献综述就可以看出，生产维护决策研究已经从早期单纯维护计划优化，扩展到综合考虑生产系统的其他因素，或者和其他运作决策结合的联合决策优化的研究。一般文献研究思路是将库存决策、质量控制和备件库存等和维护计划联合考虑。虽然很多学者对此问题进行了研究，然而现有的研究要么对设备状态的描述过于简单，仅仅将设备状态分为可控与失控两种状态，忽略了制造系统劣化的渐变式过程；要么仅仅研究设备本身的变化及维护决策，忽略了生产维护对生产计划的执行影响；要么研究结合生产批量或者库存控制模型的生产维护问题，忽略了产品质量的问题；要么研究结合质量控制的生产维护决策，忽略了产品出厂交货问题。

　　与文献研究思路不同，我们把制造系统作为一个运作整体，综合考虑生产、库存、质量和市场响应（收入）因素，研究系统存在渐变式劣化的生产维护决策。由于系统渐变劣化是一个随机过程，因此我们运用马尔可夫链的特殊形式之一的纯生过程模型模拟设备的劣化过程，并综合考虑企业的生产成本、维护成本、启动成本、质量成本、库存成本及缺货成本，建立总运营毛利润最大化的制造系统生产维护决策优化模型，并分析部分参数对企业运营效益的影响，以此得到一些有意义的启示。

## 3.2　问题描述、模型假设及符号说明

### 3.2.1　问题描述

单级制造系统是指高度相关的一系列工序的集成制造系统（见图 3-1）。制造系统的劣化原因往往有以下几类：①制造系统的自然老化；②由于操作不当引起系统损坏；③外部冲击引起的劣化。制造系统状态的劣化往往会造成制造精度降低，使产品质量水平下降，造成不必要的浪费，进而增加了企业运营成本。为了遏制制造系统劣化、缓解或消除制造系统劣化的不利影响，对制造系统进行一定程度的维护是必要的。然而一味地追求制造系统的良好状态，频繁地停机维护，也会浪费产能及维护资源，打乱生产节奏。尤其在产品市场需求随机的情况下，制造系统的生产计划更加复杂，对制造系统的柔性要求更高。因此，找到合理有效的生产维护策略，制订合理有效的生产维护计划对降低企业运营成本、提高企业运营效益非常重要。

原材料　　　　　　　制造系统　　　　　　　制成品

**图 3-1　制造系统示意**

为应对该类型制造系统面临的问题，本章提出一种生产维护策略——对于生产计划期内的任一生产周期，企业管理人员综合考察订单情况、制造系统产能、制造系统劣化速率及产品合格品衰减率情况，为系统状态设定一个预防维

护时制造系统状态阈值。一旦该制造系统的状态达到该状态阈值，便开始对系统进行预防维护，完成预防维护后立即恢复生产，整个过程循环往复直至生产任务完成（如图 3 − 2 所示）。

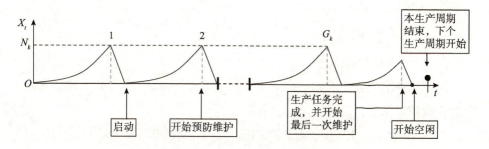

图 3 − 2　以状态为阈值的渐变式劣化制造系统生产维护计划

## 3.2.2　模型假设

本章模型推导建立在以下假设的基础上：①该制造系统只会渐变式劣化，不会出现突发性失效的情况；②制造系统的劣化是不可逆的，其劣化过程为一个纯生过程；③产品质量水平随制造系统的劣化而衰减。

## 3.2.3　符号说明

在模型建立过程中，会使用到其他变量，具体如下：

| | |
|---|---|
| $K$ | 企业在一个生产计划期内设定的生产周期数量 |
| $h_k$ | 第 $k$ 个生产周期长度（$k = 1$，2，$\cdots$，$K$） |
| $H$ | 生产计划期长度 |
| $D_k$ | 第 $k$ 个生产周期内产品需求量 |
| $\alpha_i$ | 制造系统由状态 $i$ 转移到状态 $i + 1$ 时的转移强度 |
| $\rho$ | 制造系统的名义生产率 |
| $\xi$ | 产品合格品率衰减率 |
| $\eta_0$ | 制造系统状态为 0 时的产品合格品率 |
| $\eta_i$ | 制造系统状态为 $i$ 时的产品合格品率，其中 $\eta_i = \eta_{i-1}(1 - \xi)$ |
| $\tau_i$ | 制造系统状态为 $i$ 时的维护时间 |
| $c^P$ | 单位产品生产成本 |

| | |
|---|---|
| $c_i^M$ | 制造系统状态为 $i$ 时的维护成本 |
| $c^{SU}$ | 制造系统单次启动成本 |
| $c^{UP}$ | 单位不合格产品质量成本 |
| $c^I$ | 产品库存成本 |
| $c^B$ | 产品缺货成本 |
| $\zeta$ | 单位产品出厂价 |

本章将在上文提出的相应维护策略的基础上找到最优的维护策略，根据本章提出的维护策略，决策变量分别为：

| | |
|---|---|
| $N_k$ | 第 $k$ 个生产周期内系统在进行维护时的状态阈值 $(k = 1, 2, \cdots, K)$ |
| $G_k$ | 第 $k$ 个生产周期内系统被维护的次数 $(k = 1, 2, \cdots, K)$ |
| $O_k$ | 第 $k$ 个生产周期内系统空闲时间 $(k = 1, 2, \cdots, K)$ |

可以分别写成向量的形式 $\boldsymbol{N} = (N_k)$、$\boldsymbol{G} = (G_k)$、$\boldsymbol{O} = (O_k)$。

## 3.3 模型建立

### 3.3.1 齐次的离散马尔可夫过程与纯生过程

**定义 3.1** 设马尔可夫过程 $\{X_t, t \geq 0\}$ 的状态空间为 $S$，如果其参数集 $T$ 是连续的且状态空间 $S$ 是离散的，则称 $\{X_t, t \geq 0\}$ 为离散马尔可夫过程。

**定义 3.2** 记 $p_{ij}(s, t)$ $(s, t \geq 0; i, j \in S)$ 为离散马尔可夫过程 $\{X_t, t \geq 0\}$ 在 $s$ 时刻处于状态 $i$，经过时间 $t$ 后转移到状态 $j$ 的转移概率，即 $p_{ij}(s, t) = P(X_{s+t} = j \mid X_s = i)$。若 $p_{ij}(s, t)$ 总是与起始时刻 $s$ 无关，此时 $p_{ij}(s, t)$ 简记为 $p_{ij}(t)$，则称离散马尔可夫过程 $\{X_t, t \geq 0\}$ 是齐次的；否则称其为非齐次的。$\{X_t, t \geq 0\}$ 的转移矩阵简记为 $P_t \triangleq (p_{ij}(t))$ $(t \geq 0; i, j \in S)$。

**定义 3.3** 设 $\{X_t, t \geq 0\}$ 为一齐次的离散马尔可夫过程，$p_{ij}(t)$ $(t \geq 0; i, j \in S)$ 为 $\{X_t, t \geq 0\}$ 经过时间 $t$ 从状态 $i$ 转移到状态 $j$ 的转移概率，则称 $q_{ij} \triangleq \lim\limits_{\Delta t \to 0^+} \dfrac{p_{ij}(\Delta t)}{\Delta t}$ 为 $\{X_t, t \geq 0\}$ 从状态 $i$ 转移到状态 $j$ 的转移速率。

**引理 3.1** 设 $\{X_t, t \geq 0\}$ 为一齐次离散马尔可夫过程，那么 $\{X_t, t \geq 0\}$ 在状态 $i$ 上停留的时间服从参数为 $q_{ii}$ 的指数分布，即 $\{X_t, t \geq 0\}$ 在状态 $i$ 上

停留的时间均值为 $\frac{1}{q_{ii}}$。

**定义 3.4** 设 $\{X_t,\ t \geq 0\}$ 是状态离散的参数连续的齐次马尔可夫链，其状态空间 $S = \{0,\ 1,\ 2,\ \cdots\}$，如果它的转移概率 $p_{ij}(t)$ $(t \geq 0;\ i,\ j \in S)$ 满足：

(1) $p_{i\,i+1}(h) = \alpha_i h + o(h)$，$\alpha_i > 0$；

(2) $p_{ii}(h) = 1 - \alpha_i h + o(h)$；

(3) $p_{ij}(h) = o(h)$，$j < i$ 或 $j \geq i+2$。

则称该马尔可夫链 $\{X_t,\ t \geq 0\}$ 为纯生过程。

### 3.3.2　渐变式劣化制造系统的纯生过程模型

一般来讲，制造系统的状态空间无论是连续的还是离散的，根据一定的规则都可以被分解为 $w$ 个有限的离散状态，那么新的状态空间 $W = \{0,\ 1,\ 2,\ \cdots,\ w\}$。其中 $w = 1,\ 2,\ 3,\ \cdots$，系统状况最好时的状态为 0（as good as new），之后的状态为系统依次劣化之后的状态，状态对应的数值越大系统状态越差。为应对系统劣化而提出一种维护策略，在该策略中，在第 $k$ 个生产周期内一旦系统状态 $i$ 转移到 $N+1$ 就对制造系统进行维护，其中 $N+1 \leq w$。显然，在这种策略下该制造系统状态空间发生了改变，此时该系统的状态空间共有 $N+2$ 个状态。我们重新定义其状态空间为 $S = \{0,\ 1,\ \cdots,\ N,\ N+1\}$，其中 $0,\ 1,\ \cdots,\ N$ 为系统工作状态，对应于状态空间 $W$ 的前 $N$ 个状态，$N+1$ 为维修状态，对应于状态空间 $W$ 中 $N$ 状态之后的所有状态组成的集合。

由于制造系统在运行过程中，其熵值不会减少，其状态只会劣化而不会朝着相反的方向变化，我们可以将设备的劣化过程看成一个马尔可夫链的一种特殊形式——纯生过程，记为 $\{X_t,\ t \geq 0\}$。定义 $\alpha_i$，$i \in \{0,\ 1,\ \cdots,\ N\}$ 为系统由状态 $i$ 转移到状态 $i+1$ 时的转移强度，那么由引理 3.1 知，系统在第 $i$ 个状态上停留的时间为 $1/\alpha_i$。此外，$N+1$ 为吸收态，那么 $q_{(N+1)(N+1)} = 0$，表示在无人为干涉情况下，系统将永远停留在该状态。系统的状态转移如图 3 - 3 所示。

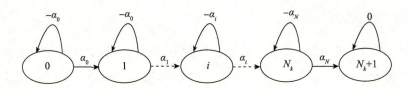

**图 3 – 3　制造系统纯生过程状态转移**

制造系统的劣化会影响产品的质量，这里我们假设产品质量水平随着系统状态的劣化而衰减，记系统状态为 $i$ 时系统的产品合格品率 $\eta_i = \eta_{i-1}(1 - \xi)$，那么 $\eta_i = \eta_0(1 - \xi)^i$。

### 3.3.3　运行时间、运行成本及毛利润分析

该单级制造系统在一个生产计划期 $H$ 内总共运行了 $K$ 个生产周期，第 $k$ 个生产周期的长度为 $h_k$，$H$ 与 $h_k$ 的关系是 $H = \sum_{k=1}^{K} h_k$。每维护一次系统状态便会回归到 $0$ 状态，然后运行的时候开始劣化，在第 $k$ 个生产周期 $h_k$ 内又经历了 $G_k$ 个劣化过程。在 $G_k$ 个劣化过程中，系统依次经历了 $0，1，\cdots，N_k$ 状态，并最终进入 $N_k + 1$ 状态。设备在第 $i$ 个状态上停留的时间为 $1/\alpha_i$。若记第 $k$ 个生产周期 $h_k$ 内生产的合格品数量为 $QQP_k$，记第 $k$ 个生产周期 $h_k$ 内生产的不合格品的数量为 $QUP_k$，那么 $QQP_k$ 与 $QUP_k$ 可以分别表示为

$$QQP_k = G_k \sum_{i=0}^{N_k} \frac{\rho \eta_i}{\alpha_i} \qquad (3-1)$$

$$QUP_k = G_k \sum_{i=0}^{N_k} \frac{\rho (1 - \eta_i)}{\alpha_i} \qquad (3-2)$$

第 $k$ 个生产周期长度 $h_k$ 由三部分组成——系统运行时间 $T_k$、系统维护时间 $L_k$、系统空闲时间 $O_k$。即

$$h_k = G_k \cdot (T_k + L_k) + O_k \qquad (3-3)$$

显然，$T_k > 0$，$L_k > 0$，$O_k \geqslant 0$；$k = 1，2，\cdots，K$。当系统在维护时的状态为 $N_k + 1$ 时，设备单次维护时间 $L_k = \tau_{N_k+1}$，在 $h_k$ 一个维护间隔期内设备的运行时间 $T_k$ 可以表示为

$$T_k = \sum_{i=0}^{N_k} \frac{1}{\alpha_i} \qquad (3-4)$$

系统在运行过程中会产生一系列成本。为了简单而不失全面地讨论企业的运行成本，本书我们分别分析系统的生产成本 $CP$、维护成本 $CM$、启动成本 $CSU$、质量成本 $CUP$、库存成本 $CI$ 及缺货成本 $CB$。各项成本及销售收入的分析如下。

（1）生产成本 $CP$。在本书中，生产成本是指一切由生产产品引起的成本，如物料成本与人工成本。一个维护间隔期内设备的运行时间 $T_k$，在第 $k$ 个生产周期长度 $h_k$ 内系统共有 $G_k$ 个连续运行时间，那么 $h_k$ 内系统运行的总时间是 $G_k \cdot T_k$。该单级制造系统在一个生产计划期 $H$ 内总共运行了 $K$ 个生产周期，如果给定单位产品生产成本 $c^P$、生产率 $\rho$，那么 $H$ 内总生产成本为：

$$CP(\boldsymbol{N},\boldsymbol{G},\boldsymbol{O}) = c^P \rho \sum_{k=1}^{K} G_k \cdot T_k \qquad (3-5)$$

（2）维护成本 $CM$。记系统状态为 $i$ 时维护成本为 $c_i^M$，根据本书理论，在第 $k$ 个生产周期长度 $h_k$ 内一旦状态到达 $N_k + 1$，系统就会被维护，那么系统被维护时系统的单次维护费用是 $c_{N_k+1}^M$。在第 $k$ 个生产周期长度 $h_k$ 内会维护 $G_k$ 次，那么该单级制造系统在一个生产计划期 $H$ 内总的维护费用为：

$$CM(\boldsymbol{N},\boldsymbol{G},\boldsymbol{O}) = \sum_{k=1}^{K} G_k c_{N_k+1}^M \qquad (3-6)$$

（3）启动成本 $CSU$。每次维护都需要停机，待维护完成后重新启动，那么有多少次维护就有多少次启动。在第 $k$ 个生产周期 $h_k$ 内有 $G_k$ 次维护，每次维护之后便有一次启动，单次启动成本记为 $c^{SU}$，那么该单级制造系统在一个生产计划期 $H$ 内的总启动成本为：

$$CSU(\boldsymbol{N},\boldsymbol{G},\boldsymbol{O}) = c^{SU} \sum_{k=1}^{K} G_k \qquad (3-7)$$

（4）质量成本 $CUP$。质量成本是指由于产品质量问题引起的成本，一般用生产的不合格品引起的成本来代表质量成本。已求得第 $k$ 个生产周期 $h_k$ 内生产的不合格品的数量为 $QUP_k$，记单位不合格品的质量成本为 $c^{UP}$，那么系统在一个生产计划期 $H$ 内总的质量成本为：

$$CUP(\boldsymbol{N},\boldsymbol{G},\boldsymbol{O}) = c^{UP} \sum_{k=1}^{K} QUP_k \qquad (3-8)$$

（5）库存成本 $CI$/缺货成本 $CB$。一般来讲，为简化计算可以将第 $k$ 个生产周期长度 $h_k$ 内的广义库存表示成第 $k$ 个生产周期 $h_k$ 内企业累积的合格品数量与累积需求的差。记第 $k$ 个生产周期内产品需求量为 $D_k$，记初始广义库存为 $\Delta_0$，$h_k$ 内的广义库存为 $\Delta_k$，那么：

$$\Delta_k = \Delta_0 + \sum_{l=1}^{k} (QQP_l - D_l) \tag{3-9}$$

当广义库存大于零时为绝对库存，记为 $I_k$，$I_k = max\{\Delta_k, 0\}$。当广义库存小于零时为绝对缺货，记为 $B_k$，$B_k = max\{-\Delta_k, 0\}$。记产品库存成本为 $c^I$，生产计划期长度 $H$ 内的库存成本为：

$$CI(\boldsymbol{N}, \boldsymbol{G}, \boldsymbol{O}) = c^I \sum_{k=1}^{K} I_k \tag{3-10}$$

记产品缺货成本为 $c^B$，那么生产计划期长度 $H$ 内的缺货成本为各生产周期缺货成本之和，即：

$$CB(\boldsymbol{N}, \boldsymbol{G}, \boldsymbol{O}) = c^B \sum_{k=1}^{K} B_k \tag{3-11}$$

（6）销售收入（收益）$SR$。计算收益需分两种情况。第一种情况，当该周期广义库存为绝对库存时（也有可能库存刚好为零），产品数量能完全满足市场需求，此时的销售量即为当期需求与上期未满足需求，即 $B_{k-1} + D_k$。第二种情况，当该周期广义库存表现为绝对缺货时，产品数量未能完全满足市场需求，此时的销售量即为当期产量与上期库存，即 $I_{k-1} + QQP_k$。若记单位产品出厂价为 $\zeta$，那么生产计划期长度 $H$ 内的收益为

$$SR(\boldsymbol{N}, \boldsymbol{G}, \boldsymbol{O}) = \begin{cases} \zeta \sum_{k=1}^{K} (B_{k-1} + D_k), \Delta_k \geqslant 0 \\ \zeta \sum_{k=1}^{K} (I_{k-1} + QQP_k), \Delta_k < 0 \end{cases} \tag{3-12}$$

### 3.3.4 目标函数

根据前面的各种成本和收益函数，我们把生产维护决策的优化目标确定为企业毛利润最大化。毛利润为收益 $SR$ 减去总成本，其中总成本由生产成本 $CP$、系统的维护成本 $CM$、制造系统启动成本 $CSU$、产品质量成本 $CUP$、产品库存成本 $CI$ 及产品缺货成本 $CB$ 构成，经过以上分析推导过程可以得到单位时间毛利润最大化的目标函数：

$$AGP(N,G,O) = \frac{1}{H}\left[SR - (CP + CM + CSU + CUP + CI + CB)\right] \quad (3-13)$$

其中,

$$h = G \otimes (T + L) + O$$
$$(N \in \mathbf{Z}^+,\ G \in \mathbf{Z}^+,\ O \in \mathbf{R}^+;\ T > 0,\ L \geqslant 0,\ O \geqslant 0) \quad (3-14)$$

该优化模型的决策变量有 3 个, 分别是每个生产周期内系统在进行维护时的状态阈值 $N$、每个生产周期内系统被维护的次数 $G$ 以及每个生产周期内系统空闲时间 $O$。其中, $N = (N_k)$, $G = (G_k)$, $O = (O_k)$, $k = 1, 2, \cdots, K$。显然, $N$ 与 $G$ 为正整数变量, $O$ 为正实数变量。此外, 因为第 $k$ 个生产周期长度 $h_k$ 由系统运行时间 $T_k$、系统维护时间 $L_k$ 及系统空闲时间 $O_k$ 三部分组成, 故 $h_k = G_k \cdot (T_k + L_k) + O_k$, 写成向量形式就是 $h = G \otimes (T + L) + O$, 其中的各项变量都为正实数。

## 3.4　模型求解

经过以上模型推导过程, 我们可以看出这是一个复杂的混合整数非线性优化问题。首先, 它是一个非线性优化问题, 且目标参数与约束均为非线性。其次, 它是一个混合整数优化问题, 有多重求和且某些约束非常复杂。因此对本问题的求解需要用到智能算法。由于遗传算法是一种较为成熟的智能算法, 适应性强, 因此本书使用遗传算法, 具体求解步骤如下:

Step 1, 设定算法终止条件, 初始化各算例参数。

Step 2, 初始产生若干条染色体, 每条染色体上包含的信息为 ($N$, $G$, $O$)。

Step 3, 对染色体进行交叉和变异操作。

Step 4, 计算 $CP$、$CM$、$CSU$、$CUP$、$CI$、$CB$、$SR$:

Step 4.1, 计算第 $k$ 个生产周期内合格品数量 $QQP_k$、第 $k$ 个生产周期内不合格品数量 $QUP_k$、第 $k$ 个生产周期内一个维护间隔期内设备的运行时间 $T_k$;

Step 4.2, 计算第 $k$ 个生产周期内生产成本 $CP_k$、第 $k$ 个生产周期内维护成本 $CM_k$、第 $k$ 个生产周期内启动成本 $CSU_k$、第 $k$ 个生产周期内质量成本 $CUP_k$;

Step 4.3, 计算第 $k$ 个生产周期内广义库存 $\Delta_k$、第 $k$ 个生产周期内绝对库

存 $I_k$、第 $k$ 个生产周期内绝对缺货 $B_k$；

Step 4.4，计算第 $k$ 个生产周期内库存成本 $CI_k$、第 $k$ 个生产周期内缺货成本 $CB_k$、第 $k$ 个生产周期内收益 $SR_k$。

Step 5，由 Step 4 结果计算每条染色体的适应度值：

Step 5.1，计算生产计划期内的总成本 $TC$、生产计划期内的总收益 $SR$、生产计划期内的总毛利润 $TGP$；

Step 5.2，计算生产计划期内的单位时间平均毛利润 $AGP$、罚函数的值。

Step 6，通过旋转赌轮，选择染色体。

Step 7，重复步骤 Step 3 至 Step 6 直到满足算法终止条件。

Step 8，取最好的染色体作为最优解。

## 3.5 算例模拟及分析

为了说明本章所构造的模型的实用性及有效性，我们应用一个装配制造型企业算例来演示本章描述的模型应用。在该算例中，我们用一个自然年作为该企业的生产计划期，该计划期分为 12 个生产周期，其中第一个月对应于第一个生产周期，第二个月对应于第二个生产周期，依次类推。根据企业的历史数据，我们将系统的连续劣化状态分为 52 个状态，其中 $\{51\}$ 为设备失效状态，$\{0, 1, \cdots, 49, 50\}$ 为设备运行状态。为更好地讨论系统状态转移强度 $\alpha_l$ 对企业运营的影响，令 $\alpha_l = \alpha = 0.1$。同样，由企业已有历史数据经过数值模拟得到系统状态为 $i$ 时的产品合格品率 $\eta_i = 1 - [0.15 + 0.2 \cdot \tanh(0.1 \cdot i - 1)]$、系统状态为 $i$ 时的维护时间 $\tau_i = 0.2 + \sqrt{i}/300 + i/100$、系统状态为 $i$ 时的维护成本 $c_i^M = 1000 + 100 \cdot i^{1.6}$。该企业的其他各项数据如表 3 − 1 与表 3 − 2 所示。

表 3 − 1　算例部分参数 1

| 项　　目 | 单　　位 | 数　　量 |
|---|---|---|
| 生产周期数量 $K$ | 个 | 12 |
| 生产计划期长度 $H$ | 天 | 365 |
| 制造系统名义生产率 $\rho$ | 件/天 | 1200 |

续表

| 项　　目 | 单　　位 | 数　　量 |
|---|---|---|
| 系统状态为 0 时的产品合格品率 $\eta_0$ | | 1 |
| 系统状态转移强度 $\alpha$ | | 1 |
| 产品合格品率衰减率 $\xi$ | | 0.1 |
| 单位产品生产成本 $c^P$ | 元/件 | 350 |
| 系统单次启动成本 $c^{SU}$ | 元/次 | 50000 |
| 单位不合格产品质量成本 $c^{UP}$ | 元/件 | 30 |
| 产品库存成本 $c^I$ | 元/(件·天) | 20 |
| 产品缺货成本 $c^B$ | 元/(件·天) | 60 |
| 单位产品出厂价 $\zeta$ | 元/件 | 750 |
| 初始广义库存 $\Delta_0$ | 件 | 0 |

表 3 - 2　算例部分参数 2

| $k$ | $h_k$ | $D_k$ |
|---|---|---|
| 1 | 31 | 7750 |
| 2 | 28 | 5880 |
| 3 | 31 | 5270 |
| 4 | 30 | 6000 |
| 5 | 31 | 7130 |
| 6 | 30 | 7500 |
| 7 | 31 | 8990 |
| 8 | 31 | 9610 |
| 9 | 30 | 10200 |
| 10 | 31 | 9610 |
| 11 | 30 | 8400 |
| 12 | 31 | 8060 |

　　由于本算例要计算一个自然年里每个月系统在进行维护时的状态阈值 $N_k$、系统被维护的次数 $G_k$、系统空闲时间 $O_k$（$k = 1, 2, \cdots, 12$），因此本算例共有 36 个决策变量，这 36 个决策变量既决定了生产计划，也决定了维护计划。

### 3.5.1 计算结果

根据已给定的各参数，用 MATLAB 计算得到如下结果：单位时间毛利润为 478465.75 元/天，年毛利润为 140982695.35 元，其中总成本为 33657304.65 元，总收入为 174640000 元。使用本书模型可以得到每个周期最优预防维护设备状态阈值、每个周期内的最优预防维护次数、每个周期内最优设备空闲时长，每个周期内各个参数是不同的，具体生产维护计划如表 3 – 3 所示。

表 3 – 3   最优生产与预防维护计划及其运营水平

| $k$ | $N_k$ | $G_k$（次） | $O_k$（天） | 设备运行总时长（天） | 设备利用率（%） | 不合格品率（%） | 服务水平（%） |
|---|---|---|---|---|---|---|---|
| 1 | 7 | 3 | 1.03 | 29.97 | 96.68 | 4.27 | 97.19 |
| 2 | 6 | 3 | 0.30 | 27.70 | 98.94 | 3.67 | 100.00 |
| 3 | 8 | 3 | 1.02 | 29.98 | 96.71 | 4.89 | 100.00 |
| 4 | 4 | 4 | 2.15 | 27.85 | 92.84 | 2.56 | 100.00 |
| 5 | 7 | 3 | 2.00 | 29.00 | 93.53 | 4.27 | 100.00 |
| 6 | 8 | 3 | 0.61 | 29.39 | 97.98 | 4.89 | 100.00 |
| 7 | 8 | 3 | 1.21 | 29.79 | 96.09 | 4.89 | 100.00 |
| 8 | 3 | 5 | 1.27 | 29.73 | 95.90 | 2.05 | 100.00 |
| 9 | 8 | 3 | 0.33 | 29.67 | 98.91 | 4.89 | 100.00 |
| 10 | 5 | 4 | 0.65 | 30.35 | 97.90 | 3.10 | 100.00 |
| 11 | 7 | 3 | 1.13 | 28.87 | 96.24 | 4.27 | 95.79 |
| 12 | 5 | 4 | 0.63 | 30.37 | 97.95 | 3.10 | 100.00 |
| 平均 | 6.33 | 3.42 | 1.03 | 29.39 | 96.64 | 3.90 | 99.42 |

在表 3 – 3 中发现本书给出的模型能使系统状态维持在较好的运行状态，系统最差的状态数为 8，平均在 6.33，平均每个周期要维护 3.42 次，平均每个周期系统的空闲时间接近一天。此外，使用该模型得到的生产维护计划能使设备利用率保持较高水平，平均达到 96.64%，而不合格品率保持较低水平，平均仅有 3.90%。即使在波动水平达到 100% 的情况下，使用该模型得到的生产维护计划仍然能较好地使系统服务满足市场的随机需求。

从表 3 – 4 中的结果可以看出，该制造商的八成多成本来自生产成本，其次是库存成本与质量成本，维护成本与库存（缺货）成本所占比重很小。如

图 3-4 所示，在产品合格率随设备状态劣化而衰变的情况下，使用本书模型得到的决策结果能使制造商保持较低的库存和缺货水平，制造商能有效地满足产品的随机需求。同时也说明在制造系统劣化及合格品衰变的条件下，一定会产生不合格品。

**表 3-4　各项成本分析**

| 成本类型 | CP | CM | CSU | CUP | CI | CB |
|---|---|---|---|---|---|---|
| 数值（元） | 29487985.62 | 137095.74 | 205000.00 | 1075909.14 | 2294167.72 | 457146.44 |
| 在总成本中的占比（%） | 87.61 | 0.41 | 0.61 | 3.2 | 6.82 | 1.36 |

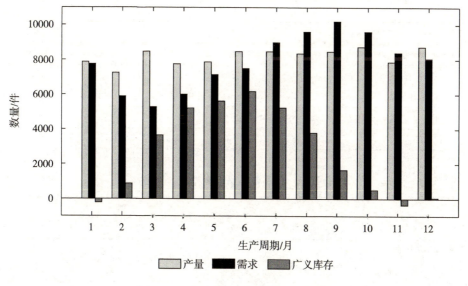

**图 3-4　产品产量、需求及广义库存**

## 3.5.2　敏感度分析

影响制造系统发展变化的因素可以分为两类——内因（内部矛盾）和外因（外部矛盾）。唯物辩证法认为内因是事物发生变化的根本原因，因此可知，由制造系统自身软硬件磨损、老化引起的劣化是影响制造系统运营效果的内因，而市场因素便是影响制造系统运营效果的外因。在这里我将分别考察内因——系统状态转移强度、劣化产品合格品率衰减率及外因——产品生产成本、产品出厂价对制造系统生产维护决策和企业运营效果的分析。

1. 系统状态转移强度 $\alpha$ 敏感度分析及产品合格品率衰减率 $\xi$ 敏感度分析

本小节考察了系统状态转移强度 $\alpha$ 及产品合格品率衰减率 $\xi$ 对制造系统运营状态的影响，主要是分析两者对系统维护平均状态数、系统平均维护次数、系统平均空闲时间、单位时间成本、单位时间收入、单位时间毛利润的影响。固定其他参数，分别使系统状态转移强度 $\alpha = 0.8$，0.9，1.0，1.1，1.2，产品合格品率衰减率 $\xi = 0.08$，0.09，0.10，0.11，0.12 进行模拟得到一系列结果，如表 3-5、表 3-6 所示。

**表 3-5　系统状态转移强度 $\alpha$ 的影响**

| 影响项 | $\alpha$ | | | | |
| --- | --- | --- | --- | --- | --- |
| | 0.8 | 0.9 | 1.0 | 1.1 | 1.2 |
| 系统维护平均状态数（个） | 7.46 | 6.52 | 5.71 | 4.76 | 3.64 |
| 系统平均维护次数（次） | 3.21 | 3.61 | 3.92 | 4.08 | 4.79 |
| 系统平均空闲时间（天） | 1.54 | 1.36 | 1.27 | 1.14 | 0.95 |
| 单位时间成本（元） | 51634.34 | 84183.16 | 92940.11 | 105333.91 | 114895.51 |
| 单位时间收入（元） | 476246.89 | 478622.79 | 477913.50 | 479182.37 | 477459.27 |
| 单位时间毛利润（元） | 424612.55 | 394439.63 | 384973.39 | 373848.46 | 362563.76 |

**表 3-6　产品合格品率衰减率 $\xi$ 的影响**

| 影响项 | $\xi$ | | | | |
| --- | --- | --- | --- | --- | --- |
| | 0.08 | 0.09 | 0.10 | 0.11 | 0.12 |
| 系统维护平均状态数（个） | 8.61 | 7.79 | 5.71 | 4.13 | 2.83 |
| 系统平均维护次数（次） | 2.84 | 3.48 | 3.92 | 4.58 | 5.33 |
| 系统平均空闲时间（天） | 1.43 | 1.37 | 1.27 | 1.13 | 1.02 |
| 单位时间成本（元） | 42892.58 | 62786.81 | 92940.11 | 122195.31 | 155984.27 |
| 单位时间收入（元） | 476246.84 | 478622.99 | 477913.50 | 479182.54 | 477459.63 |
| 单位时间毛利润（元） | 433354.26 | 415836.18 | 384973.39 | 356987.23 | 321475.36 |

从表 3-5 及表 3-6 的结果发现：①这两个影响制造系统运行的内因，对系统的影响较为一致，二者虽然都不会对单位时间收入有显著影响，但对其他被考察对象——维护决策结果（系统维护平均状态数、系统平均维护次数、系统平均空闲时间）和生产运营效果（单位时间成本和利润）有显著影响；

②系统状态转移强度 $\alpha$ 及产品合格品率衰减率 $\xi$ 增大时，系统维护平均状态数与系统平均空闲时间均会变小，即当系统劣化加快时，为了遏制劣化同时满足产品市场需求，需要加强对系统的维护，同时保证系统的运行时间；③随着 $\alpha$ 及 $\xi$ 的升高，由于系统企业单位时间收益率波动不大而单位时间成本会有一定的上涨，企业的单位时间毛利润会相应减少。

2. 单位产品生产成本 $c^P$ 敏感度分析

固定其他参数，分别使单位产品生产成本 $c^P = 200$，250，300，350，400 进行模拟得到一系列结果，其中着重考察了 $c^P$ 对系统维护平均状态数、系统平均维护次数、系统平均空闲时间、单位时间成本、单位时间收入、单位时间毛利润的影响，形成了表 3 - 7。分析表 3 - 7 的内容，我们发现：单位产品生产成本增加对系统维护平均状态数、系统平均维护次数、系统平均空闲时间与单位时间收入均无明显影响，而会使系统单位时间成本增加进而降低企业毛利润。

表 3 - 7　单位产品生产成本 $c^P$ 的影响

| 影响项 | $c^P$ | | | | |
|---|---|---|---|---|---|
| | 200 | 250 | 300 | 350 | 400 |
| 系统维护平均状态数（个） | 5. 87 | 6 | 5. 71 | 6. 91 | 6. 42 |
| 系统平均维护次数（次） | 4. 33 | 3. 81 | 3. 92 | 3. 67 | 3. 73 |
| 系统平均空闲时间（天） | 1. 24 | 1. 27 | 1. 27 | 1. 25 | 1. 31 |
| 单位时间成本（元） | 57823. 62 | 72641. 73 | 92940. 11 | 135234. 27 | 165873. 48 |
| 单位时间收入（元） | 475756. 14 | 481023. 34 | 477913. 5 | 473645. 73 | 479568. 62 |
| 单位时间毛利润（元） | 417932. 52 | 408381. 61 | 384973. 39 | 338411. 46 | 313695. 14 |

3. 单位产品出厂价 $\zeta$ 敏感度分析

固定其他参数，分别使单位产品出厂价 $\zeta = 1450$，1650，1850，2050，2250 进行模拟得到一系列结果，其中着重考察了 $\zeta$ 对系统维护平均状态数、系统平均维护次数、系统平均空闲时间、单位时间成本、单位时间收入、单位时间毛利润的影响，形成了表 3 - 8。

表 3 - 8    单位产品出厂价 $\zeta$ 敏感度分析

| 影响项 | $\zeta$ | | | | |
|---|---|---|---|---|---|
| | 1450 | 1650 | 1850 | 2050 | 2250 |
| 系统维护平均状态数（个） | 6.17 | 5.64 | 5.71 | 6.03 | 4.98 |
| 系统平均维护次数（次） | 3.81 | 4.17 | 3.92 | 3.87 | 4.23 |
| 系统平均空闲时间（天） | 1.29 | 1.24 | 1.27 | 1.3 | 1.19 |
| 单位时间成本（元） | 89184.51 | 91847.65 | 92940.11 | 88548.41 | 93171.23 |
| 单位时间收入（元） | 273684.23 | 384512.94 | 477913.5 | 562874.51 | 674812.09 |
| 单位时间毛利润（元） | 184499.72 | 292665.29 | 384973.39 | 474326.1 | 581640.86 |

从表 3 - 8 的结果发现：单位产品出厂价的升高对生产维护决策结果和制造系统的运营结果产生不同的影响。随着单位产品出厂价格的提高，系统维护平均状态数减小，系统平均维护次数增加，系统平均空闲时间减少，单位时间的成本、收入和利润都增加。

## 3.6    管理启示

本章首先分析了渐变式马尔可夫劣化模式下制造系统的生产维护决策问题，建立了相应的决策优化模型，并开发了求解算法，最后经过算例计算及部分参数的敏感度分析，得到了一些有意义的结论，具体可以归纳出以下几条管理启示。

启示一：以企业整体利益为目标的生产维护决策可以使生产维护计划和生产计划的执行和市场需求响应有机结合起来。从本章的理论分析和数值分析结果可以发现，把企业综合效益作为优化目标建立的生产维护决策中，质量因素、生产成本和市场价格因素的变化对生产维护决策有明显不同的影响。因此，企业在制订生产维护计划时，应该综合考虑产品质量，生产计划的变化可能引起生产成本的变化，因此需根据产品市场特点（价格收益），建立使企业综合效益最大化的维护计划。

启示二：影响生产维护决策有两类因素——内因和外因，其中系统劣化（劣化强度和质量衰变）是内因，生产成本（原料价格等）和产品市场价格是外因。相对于外部不利因素，企业制造系统的内部不利因素对企业的生产维护和运营效果有更为负面的影响。这个结论可以从比较制造系统内部因素结果（见表3–5、表3–6）和外部因素结果（见表3–7、表3–8）看出。这个结论告诉我们，企业管理者制定生产维护决策的时候，要着力解决制造系统劣化的内因，提高产品质量，降低劣化强度风险。同时，对于如原材料价格波动、产品价格波动等市场因素对企业生产维护计划的影响也不能忽视。

启示三：对于不随机失效劣化制造系统，企业管理者应着力降低系统劣化速度——系统状态转移强度及系统劣化对产品质量水平的影响程度——产品合格品率衰减率。降低系统劣化速度及系统劣化对产品质量水平的影响程度可以通过改善员工操作规程、加强员工再教育以及及时更换设备或关键零部件来实现。

## 3.7 本章小结

本章在分析渐变式马尔可夫劣化模式下制造系统生产维护决策问题的基础上，提出了相应的生产维护策略，该策略中企业管理人员为系统状态设定一个阈值，一旦制造系统达到这个阈值，企业便组织人员对所有阶段制造系统进行维护。为了得到该类型企业的最优决策及该生产维护策略的最优值，本章逐一计算了制造系统生产及维护时间、系统生产成本、系统维护成本、系统启动成本、质量成本、库存成本与缺货成本以及毛利润，建立了生产维护计划模型，并以遗传算法为基础开发了针对该问题的一般求解方法，最后分析了影响该类型企业的经营效果的外部不利因素——市场因素及内部不利因素——系统状态转移强度及劣化产品合格品率衰减率对企业经营的影响。研究结果表明：本章提出的模型对于一般的单级劣化制造系统的维护计划决策是实用有效的。通过该模型得到的维护计划能使企业具有充分的柔性。此外，制造系统的内部不利因素对企业的生产经营有更为不利的影响，须引起企业管理者足够重视。

本章虽然综合研究了劣化系统的生产维护计划，但未曾考虑系统的随机失效问题，而这个问题在很多企业中是比较常见的，且会严重影响企业的生产经营活动，下一章我们将会考虑讨论随机失效的劣化制造系统的生产维护问题。

# 第4章　突发性失效马尔可夫劣化模式下的生产维护决策

## 4.1　引言

相对于仅仅劣化而不失效的制造系统而言，劣化且随机失效制造系统的运行情况更加复杂，状态变化更加多样化。这类制造系统的劣化引起的制造系统运营成本的增加是由两方面造成的。一方面，制造系统劣化会引起产品质量水平降低，这不仅会造成人力物力的浪费，还会额外产生缺陷产品的处理费用，如销毁费用、再制造费用。另一方面，制造系统的劣化也会使系统可靠性降低，增加系统随机失效的概率。系统一旦失效，就会打乱生产计划，延误工期，进而引起延迟交货甚至缺货，产生延迟交货成本或缺货成本。固然，这一类制造系统会引发企业经营的很多问题，但也不能盲目且过于频繁地对制造系统进行维护，必须有计划有策略地对其进行维护。因为，为了保证维护人员及设备的安全，维护的时候需要停机，过度的维护便会造成过多的停机，这同样会影响生产任务的正常完成，增加不必要的成本。

鉴于制造系统劣化与维护对生产的影响，生产管理部门和设备管理部门需要联合起来做生产维护计划决策，以便更好地提升制造系统的柔性以应对产品市场需求随机的问题。本章旨在通过运用马尔可夫链的一般形式模型——非齐次马尔可夫链模型来综合考虑企业的生产成本、维护成本、启动成本、质量成本、库存成本及缺货成本，建立总运营成本最小化的制造系统维护决策综合优化模型，并分析部分参数对企业运营效益的影响，得到了一些有意义的启示。

# 4.2　问题描述、模型假设及符号说明

## 4.2.1　问题描述

本章在第 3 章研究问题的基础上考虑了制造系统突发性失效问题。相比于主动停机维护行为，因制造系统失效引起的停机对企业的生产经营影响更大。对于这类型制造系统，不合理的生产维护决策造成的影响是多方面的。一方面，制造系统维护不足会使制造系统状态恶化，进而造成企业的产品质量水平的下降，引起不必要的人力物力浪费，增加企业运营成本。此外，维护不足及维护频率过低还会打乱预定生产计划，影响为下游制造商供货。另一方面，过度维护仍然会使制造系统频繁停机，造成产能及维护资源的浪费。因此，对于使用该类型制造系统的企业，管理者找到合理有效的维护策略对企业的经营发展至关重要。

为应对该类型制造系统面临的问题，本章提出一种生产维护策略——对于生产计划期内的任何一个生产周期，企业管理人员综合考察订单情况、制造系统产能、制造系统劣化速率、制造系统失效概率及产品合格品衰减率情况，为系统状态设定一个连续生产的批量阈值，一旦该制造系统所生产的批量数达到该批量数阈值便开始对系统进行预防维护，完成预防维护后立即恢复生产，若中途出现突发性失效的情况，则立即组织事后维修，恢复生产，整个过程循环往复直至生产任务完成，如图 4 - 1 所示。

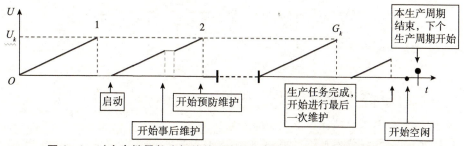

**图 4 - 1　以生产批量数为阈值的突发性失效劣化制造系统生产维护计划**

## 4.2.2 模型假设

本章模型推导建立在以下假设的基础上：①制造系统马尔可夫劣化过程的单位时间为该制造系统的一个批量的生产时间；②制造系统的劣化是不可逆的，其劣化过程为一个齐次马尔可夫链；③产品质量水平随制造系统的劣化而衰减。

## 4.2.3 符号说明

此外，在模型建立过程中，还会使用到其他变量，具体如下：

$K$      生产周期数量

$h_k$     第 $k$ 个生产周期长度（$k=1$，$2$，$\cdots$，$K$）

$H$      生产计划期长度

$D_k$     第 $k$ 个生产周期内的产品需求（$k=1$，$2$，$\cdots$，$K$）

$\rho$      制造系统名义生产率

$Q$      单位生产批量

$\alpha_l$     系统经过 $l$ 步转移后处于状态 $i$ 时，系统状态经过一步转移到达状态 $i+1$ 的概率

$\beta_l$     系统经过 $l$ 步转移后处于状态 $i$ 时，系统状态经过一步转移到达状态 $N+1$ 的概率

$\xi$      产品合格品率衰减率

$\eta_0$     系统状态为 0 时的产品合格品率

$\eta_i$     系统状态为 $i$ 时的产品合格品率，$\eta_i = \eta_{i-1}(1-\xi)$

$\tau_i$     系统状态为 $i$ 时的维护时间

$c^P$     单位产品生产成本

$c_i^M$     系统状态为 $i$ 时的维护成本

$c^{SU}$     系统单次启动成本

$c^{UP}$     单位不合格产品质量成本

$c^I$     产品库存成本

$c^B$     产品缺货成本

$\zeta$　　　单位产品出厂价

本书的决策变量如下：

$U_k$　　第 $k$ 个生产周期内两次维护间隔内生产的批量数（$k = 1, 2, \cdots, K$）

$G_k$　　第 $k$ 个生产周期内系统被预防维护的次数（$k = 1, 2, \cdots, K$）

$O_k$　　第 $k$ 个生产周期内系统空闲时间（$k = 1, 2, \cdots, K$）

可以简写成 $\boldsymbol{U} = (U_k)$，$\boldsymbol{G} = (G_k)$，$\boldsymbol{O} = (O_k)$，$k = 1, 2, \cdots, K$。

## 4.3　模型建立

### 4.3.1　马尔可夫链

**定义 4.1**　设马尔可夫过程 $\{X_t, t \in T\}$ 的状态空间为 $S$，如果其参数集 $T$ 与状态空间 $S$ 均是离散的，则称 $\{X_t, t \in T\}$ 为马尔可夫链。

**定义 4.2**　设 $\{X_n, n \geq 0\}$ 是一马尔可夫链，称 $\{X_n, n \geq 0\}$ 在 $n$ 时处于状态 $i$ 的条件下经过 $k$ 步转移，于 $n + k$ 时到达状态 $j$ 的条件概率 $p_{ij}^{(k)}(n) \triangleq P(X_{n+k} = j | X_n = i)$（$i, j \in S$；$n \geq 0$，$k \geq 1$）为 $\{X_n, n \geq 0\}$ 在 $n$ 时的 $k$ 步转移概率；称以 $p_{ij}^{(k)}(n)$ 为第 $i$ 行第 $j$ 列元素的矩阵 $\boldsymbol{P}^{(k)}(n) \triangleq (p_{ij}^{(k)}(n))$ 在 $n$ 时的 $k$ 步转移概率矩阵。特别地，当 $k = 1$ 时 $\{X_n, n \geq 0\}$ 的一步转移概率和一步转移概率矩阵分别简记为 $p_{ij}(n)$ 和 $\boldsymbol{P}(n)$。

**引理 4.1**　Chapman – Kolmogorov 方程（C – K 方程）

$$p_{ij}^{(k+m)}(n) = \sum_l p_{il}^{(k)}(n) p_{lj}^{(m)}(n + k)$$

$$(n, k, m \geq 0; i, j \in S)$$

或

$$\boldsymbol{P}^{(k+m)}(n) = \boldsymbol{P}^{(k)}(n) \boldsymbol{P}^{(m)}(n + k)$$

**定义 4.3**　称 $p_i(0) \triangleq P(X_0 = i)$，$i \in S$ 为马尔可夫链 $\{X_n, n \geq 0\}$ 的初始分布；称第 $i$ 个分量 $p_i(0)$ 的（行）向量 $\boldsymbol{p}(0)$ 为 $\{X_n, n \geq 0\}$ 的初始分布向量，即 $\boldsymbol{p}(0) = (p_i(0))$。

**引理 4.2**　马尔可夫链 $\{X_n, n \geq 0\}$ 的有限维分布由其初始分布和一步转移概率所完全确定。

**引理 4.3**  绝对分布和 $n$ 步转移概率之间有如下关系：

$$p_j(n) = \sum_l p_i(0) p_{ij}^{(n)}(0)(n \geq 0; i,j \in S) \quad \text{或} \quad \boldsymbol{p}(n) = \boldsymbol{p}(0)\boldsymbol{P}^{(n)}(0)$$

## 4.3.2  突发性失效制造系统的马尔可夫链模型

对于一个制造系统而言，无论其状态是连续的还是离散的，都可以划分成有限个离散状态。设某企业有一个制造系统，该系统的所有状态可以划分为 $N+2$ 个状态，状态空间 $S = \{0, 1, \cdots, N, N+1\}$。其中，$0, 1, \cdots, N$ 为系统工作状态，$N+1$ 为失效状态（由于制造系统一旦失效，企业便会组织人员进行故障维护，因此该状态也可以称为故障维护状态）。系统经过维护后转移到初始状态 $0$。

为了更好地描述系统的劣化，假设系统未来的状态只与当前的状态有关，与系统过去的状态无关，即系统的劣化具有马尔可夫性。显然，该假设与实际情况相一致。那么，在此基础上可以假设系统的带失效的劣化过程是一个马尔可夫链 $\{X_n, n \geq 0\}$。以生产单位批量所花费的时间 $Q/\rho$ 为该马尔可夫链 $\{X_n, n \geq 0\}$ 的单位时间。设制造系统经过 $l$ 步转移后处于状态 $i$，记此时系统状态经过一步转移到达状态 $i+1$ 的概率为 $\alpha_l$，记此时系统状态经过一步转移到达状态 $N+1$（失效状态）的概率为 $\beta_l$，其中 $i \in \{0, 1, \cdots, N-1, N\}$。根据马尔可夫链的相关概念，可以得到经过 $l$ 步状态转移之后，系统的 1 步一步转移概率矩阵：

$$\boldsymbol{P}(l) = \begin{bmatrix} 1-\alpha_l-\beta_l & \alpha_l & & & & & \beta_l \\ & 1-\alpha_l-\beta_l & \alpha_l & & & & \beta_l \\ & & \ddots & \ddots & & & \vdots \\ & & & 1-\alpha_l-\beta_l & \alpha_l & & \beta_l \\ & & & & \ddots & \ddots & \vdots \\ & & & & & 1-\alpha_l-\beta_l & \alpha_l+\beta_l \\ & & & & & & 1 \end{bmatrix}_{(N+2)\times(N+2)}$$

$$(4-1)$$

**命题 4.1**  初始时刻（0 时刻）$n$ 步一步转移概率矩阵 $\boldsymbol{P}^{(n)}(0) = \prod_{l=0}^{n-1} \boldsymbol{P}(l)$。

　　**证明**：初始 0 时刻 1 步一步转移概率矩阵 $\boldsymbol{P}^{(1)}(0)$ 简记为 $\boldsymbol{P}(0)$，根据引理 4.1 中的 C－K 方程，初始 0 时刻 2 步一步转移概率矩阵 $\boldsymbol{P}^{(2)}(0)$ 可以表示为：

$$
\begin{aligned}
\boldsymbol{P}^{(2)}(0) &= \boldsymbol{P}^{(1+1)}(0) \\
&= \boldsymbol{P}^{(1)}(0)\boldsymbol{P}^{(1)}(0+1) \\
&= \boldsymbol{P}(0)\boldsymbol{P}(1)
\end{aligned}
$$

根据 C－K 方程，初始 0 时刻 3 步一步转移概率矩阵 $\boldsymbol{P}^{(3)}(0)$ 可以表示为：

$$
\begin{aligned}
\boldsymbol{P}^{(3)}(0) &= \boldsymbol{P}^{(2+1)}(0) \\
&= \boldsymbol{P}^{(2)}(0)\boldsymbol{P}^{(1)}(0+2) \\
&= \boldsymbol{P}^{(2)}(0)\boldsymbol{P}(2) \\
&= \boldsymbol{P}(0)\boldsymbol{P}(1)\boldsymbol{P}(2)
\end{aligned}
$$

那么，依次类推，根据 C－K 方程，初始 0 时刻 $n$ 步一步转移概率矩阵 $\boldsymbol{P}^{(n)}(0)$ 可以表示为 $\boldsymbol{P}^{(n)}(0) = \boldsymbol{P}(0) \cdot \boldsymbol{P}(1) \cdot \boldsymbol{P}(2) \cdots \boldsymbol{P}(n-1) = \prod_{l=0}^{n-1} \boldsymbol{P}(l)$，如图 4－2 所示。

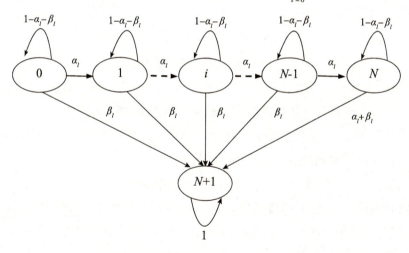

**图 4－2　经过 $n$ 步状态转移之后，制造系统的一步状态转移**

　　我们已经假设每次维护都是完美维护，即每次维护之后系统都将恢复至初始状态。那么，每次维护之后该系统的绝对分布也就是初始分布为 $\boldsymbol{p} = (1, 0, \cdots, 0)_{1\times(N+2)}$。经过 $n$ 步转移之后，系统的绝对分布为 $\boldsymbol{p}(n) = (p_0(n), p_1(n), \cdots, p_{N+1}(n))_{1\times(N+2)}$。

**命题4.2** 经过 $n$ 个生产批量之后系统的绝对分布为 $\boldsymbol{p}(n) = \boldsymbol{p}(0)\boldsymbol{P}^{(n)}(0)$。

**证明：** 根据假设，该马尔可夫链 $\{X_n, n \geq 0\}$ 的单位时间为 $Q/\rho$，经过 $n$ 个生产批量之后，系统经历了 $n$ 次转移，由引理4.3，经过 $n$ 步转移之后的系统的绝对分布 $\boldsymbol{p}(n) = \boldsymbol{p}(0)\boldsymbol{P}^{(n)}(0)$。

为了使企业的维护行为更好保证产品质量及简化本书计算，我们在计算时规定，一旦制造系统转入状态 $i$，我们就以状态 $i$ 时的合格品率指代正在生产的产品批量。

### 4.3.3 运行时间、运行成本及毛利润分析

一个生产计划期 $H$ 被划分为 $K$ 个生产周期，第 $k$ 个生产周期的长度为 $h_k$，$H$ 与 $h_k$ 的关系有 $H = \sum_{k=1}^{K} h_k$。在第 $k$ 个生产周期 $h_k$ 内的生产任务又由 $G_k$ 个带失效的劣化过程完成生产。由马尔可夫链的性质可以得到，系统的两次状态转移的时间间隔大小为一个单位时间，即 $Q/\rho$。若记 $U_k$ 为企业管理者决策的第 $k$ 个生产周期两次维护间隔内生产的最大批量数，那么由命题4.2可知当 $n = 1$，$2$，$\cdots$，$U_k$ 时，在第 $n$ 个生产批量结束时系统的绝对分布为：

$$\boldsymbol{p}(n) = \boldsymbol{p}(0)\boldsymbol{P}^{(n)}(0) \qquad (4-2)$$

式中：$\boldsymbol{p} = (1, 0, \cdots, 0)_{1 \times (N+2)}$，$\boldsymbol{p}(n) = (p_0(n), p_1(n), \cdots, p_{N+1}(n))_{1 \times (N+2)}$。

由于系统在每个批量生产结束后都有可能直接失效，因此，我们需要对系统每次访问状态 $N+1$ 的情况分别讨论，以此来计算在本章提出的生产维护策略下，每个维护间隔内的一些有用的参数。

系统在第1个生产批量结束时，系统状态转移至 $N+1$ 的概率 $\theta_1 = p_{N+1}(1)$，系统状态未转移至 $N+1$ 的概率为 $1 - \theta_1$。系统在第2个生产批量结束时，系统状态转移至 $N+1$ 的概率 $\theta_2 = (1 - \theta_1) \cdot p_{N+1}(2)$，系统状态未转移至 $N+1$ 的概率为 $(1 - \theta_1)(1 - p_{N+1}(2))$。系统在第3个生产批量结束时，系统状态转移至 $N+1$ 的概率 $\theta_3 = (1 - \theta_2) \cdot p_{N+1}(3)$，系统状态未转移至 $N+1$ 的概率为 $(1 - \theta_2)(1 - p_{N+1}(3))$。依次类推，若 $U_k$ 是我们设定的生产批量，系统在第 $n$ 个生产批量结束时，系统状态转移至 $N+1$ 的概率 $\theta_n = (1 - \theta_{n-1}) \cdot p_{N+1}(n)$，系统状态未转移至 $N+1$ 的概率为 $1 - \theta_n$（$n = 1, 2, 3, \cdots, U_k$），一直到系统在第 $U_k$ 个生产批量结束时，系统状态转移至 $N+1$ 的概率 $\theta_{U_k}$ 可以表示为 $\theta_{U_k} = $

$(1 - \theta_{U_k - 1}) \cdot p_{N+1}(U_k)$，系统状态未转移至 $N+1$ 的概率为 $1 - \theta_{U_k}$。

维护间隔期内生产了 $n$ 个单位批量产品花费的时间为 $\dfrac{nQ}{\rho}$。在该维护策略下，两次预防维护之间设备进行生产活动时长的期望 $T_k$ 可以表示为：

$$T_k = U_k \frac{Q}{\rho} \tag{4-3}$$

已知系统状态为 $i$ 时的维护时间 $\tau_i$，系统状态为 $i$ 时的维护成本 $c_i^M$，且系统在第 $n$ 个生产批量结束时，系统状态转移至 $N+1$ 的概率为 $\theta_n$，系统状态未转移至 $N+1$ 的概率为 $1 - \theta_n$，那么在该维护策略下，若设置的最大预防维护阈值为 $U_k$ 时，维护间隔期结束后维护时间期望 $L_k$ 可以表示为：

$$L_k = (1 - \theta_{U_k - 1}) \sum_{i=0}^{N+1} \left[ \tau_i \cdot p_i(U_k) \right] + \sum_{n=1}^{U_k - 1} (\theta_n \cdot \tau_{N+1}) \tag{4-4}$$

式中：$\theta_0 = 0$，$1 - \theta_{U_k - 1}$ 为在生产第 1 个到第 $U_k$ 个批量产品之间，系统状态未转移至 $N+1$ 的概率，为预防维护时间期望，$\sum\limits_{n=1}^{U_k - 1} (\theta_n \cdot \tau_{N+1})$ 为事后维护时间期望。根据本书背景有，$h_k = G_k \cdot (T_k + L_k) + O_k$。其中，$T_k > 0$，$L_k > 0$，$O_k \geq 0$，$k = 1$，2，$\cdots$，$K$。若记系统状态为 $i$ 时维护成本为 $c_i^M$，第 $k$ 个生产周期内维护间隔期结束后维护成本期望 $\Omega_k$ 可以表示为：

$$\Omega_k = (1 - \theta_{U_k - 1}) \sum_{i=0}^{N+1} \left[ c_i^M \cdot p_i(U_k) \right] + \sum_{n=1}^{U_k - 1} (\theta_n \cdot c_{N+1}^M) \tag{4-5}$$

式中：$\theta_0 = 0$，$\theta_{U_k - 1}$ 为在生产第 1 个到第 $U_k$ 个批量产品之间，系统状态未转移至 $N+1$ 的概率，$(1 - \theta_{U_k - 1}) \sum\limits_{i=0}^{N+1} \left[ c_i^M \cdot p_i(U_k) \right]$ 为预防维护时间期望，$\sum\limits_{n=1}^{U_k - 1} (\theta_n \cdot c_{N+1}^M)$ 为事后维护时间期望。记系统状态为 $i$ 时的产品合格品率为 $\eta_i$，$\eta_i = \eta_{i-1} \cdot (1 - \xi)$，进一步可以表示成 $\eta_i = \eta_0 (1 - \xi)^i$。一个维护间隔期内第 $n$ 个单位批量产品会被生产的概率为 $\theta_n - \theta_{n-1}$，其中合格品的数量为 $Q \sum\limits_{i=0}^{N} \eta_i \cdot p_i(n)$，不合格品的数量为 $Q \sum\limits_{i=0}^{N} (1 - \eta_i) \cdot p_i(U_k)$。其中 $\eta_i = \eta_{i-1}(1 - \xi)$，那么 $\eta_i = \eta_0 \cdot (1 - \xi)^i$。在该维护策略下，规定 $\theta_0 = 0$，当第 $k$ 个生产周期内设置的最大预防维护阈值为 $U_k$ 时，在第 $k$ 个生产周期内任一维护间隔期内生产的合格品数量 $\phi_k$ 与不合格品数量 $\varphi_k$ 的期望可以分别表示为：

$$\phi_k = Q \sum_{n=1}^{U_k} \left[ (1 - \theta_n) \cdot \sum_{i=0}^{N} \eta_i \cdot p_i(n) \right] \qquad (4-6)$$

$$\varphi_k = Q \sum_{n=1}^{U_k} \left[ (1 - \theta_n) \cdot \sum_{i=0}^{N} (1 - \eta_i) \cdot p_i(n) \right] \qquad (4-7)$$

由于在第 $k$ 个生产周期 $h_k$ 内共有 $G_k$ 个维护间隔期，那么可以得到第 $k$ 个生产周期 $h_k$ 内生产的合格品与不合格品的数量：

$$QQP_k = G_k \phi_k \qquad (4-8)$$

$$QUP_k = G_k \varphi_k \qquad (4-9)$$

（1）生产成本 $CP$。这里提到的生产成本包含的成本比较广，包括人力成本与物料成本以及其他不便于归类的成本等。由上面的分析可知，一个维护间隔期内共生产了 $\rho T_k$ 数量的产品，在第 $k$ 个生产周期 $h_k$ 内共有 $G_k$ 个维护间隔期，那么 $h_k$ 内生产的产品数量为 $G_k \rho T_k$。若记单位产品生产成本为 $c^P$，那么一个生产计划期 $H$ 内总的生产成本可以表示为：

$$CP(\boldsymbol{U},\boldsymbol{G},\boldsymbol{O}) = c^P \rho \sum_{k=1}^{K} G_k T_k \qquad (4-10)$$

式中：$\boldsymbol{U} = (U_k)$，$\boldsymbol{G} = (G_k)$，$\boldsymbol{O} = (O_k)$，$k = 1, 2, \cdots, K$。

（2）维护成本 $CM$。在第 $k$ 个生产周期 $h_k$ 内共有 $G_k$ 个维护间隔期，每个间隔期内包括预防维护与事后维护在内的维护成本为 $\Omega_k$，那么，在一个生产计划期 $H$ 内总的维护成本可以表示为

$$CM(\boldsymbol{U},\boldsymbol{G},\boldsymbol{O}) = \sum_{k=1}^{K} G_k \cdot \Omega_k \qquad (4-11)$$

（3）启动成本 $CSU$。制造系统的重新启动需做各方面的准备，包括物料人员的准备等。为了简化计算，这里需要说明只有预防维护后的启动会产生启动成本，而事后维护后的启动不产生启动成本。因为，事后维护往往只是一个恢复生产的作业过程，物料人员等都不需要重新准备。在第 $k$ 个生产周期 $h_k$ 内共有 $G_k$ 次启动，每次启动的成本为 $c^{SU}$，那么在一个生产计划期 $H$ 内总的启动成本可以表示为：

$$CSU(\boldsymbol{U},\boldsymbol{G},\boldsymbol{O}) = c^{SU} \sum_{k=1}^{K} G_k \qquad (4-12)$$

（4）质量成本 $CUP$。制造系统劣化会造成系统软硬件失误概率增大，会不可避免地产生不合格品，根据前文推导第 $k$ 个生产周期 $h_k$ 内生产的不合格

品的数量为 $QUP_k$，记单位产品的质量成本为 $c^{UP}$，那么在一个生产计划期 $H$ 内总的质量成本可以表示为：

$$CUP(\boldsymbol{U},\boldsymbol{G},\boldsymbol{O}) = c^{UP} \sum_{k=1}^{K} QUP_k \qquad (4-13)$$

（5）库存成本 $CI$/缺货成本 $CB$。一般来讲，为简化计算可以将第 $k$ 个生产周期长度 $h_k$ 内的广义库存表示成第 $k$ 个生产周期 $h_k$ 内企业累积的合格品数量与累积需求的差。记第 $k$ 个生产周期内的产品需求为 $D_l$，记初始广义库存为 $\Delta_0$，$h_k$ 内的广义库存为 $\Delta_k$，那么

$$\Delta_k = \Delta_0 + \sum_{l=1}^{k} (QQP_l - D_l) \qquad (4-14)$$

当广义库存大于零时为绝对库存，记为 $I_k$，$I_k = \max\{\Delta_k, 0\}$。当广义库存小于零时为绝对缺货，记为 $B_k$，$B_k = \max\{-\Delta_k, 0\}$。记产品库存成本为 $c^I$，生产计划期长度 $H$ 内的库存成本为：

$$CI(\boldsymbol{U},\boldsymbol{G},\boldsymbol{O}) = c^I \sum_{k=1}^{K} I_k \qquad (4-15)$$

供应链上游供应商的产品即是供应链下游制造商的原材料，若供应商未及时交货便会对制造商的生产带来不利影响并产生成本支出，这种成本往往通过供应合同转嫁为供应商的成本。记产品缺货成本为 $c^B$，那么生产计划期长度 $H$ 内的缺货成本为：

$$CB(\boldsymbol{U},\boldsymbol{G},\boldsymbol{O}) = c^B \sum_{k=1}^{K} B_k \qquad (4-16)$$

（6）收益 $SR$。计算收益需分两种情况。第一种情况，当该周期广义库存为绝对库存时（也有可能库存刚好为零），产品数量能完全满足市场需求，此时的销售量即为上期未满足需求与当期需求之和，即 $B_{k-1} + h_k d_k$。第二种情况，当该周期广义库存表现为绝对缺货时，产品数量未能完全满足市场需求，此时的销售量即为当期产量与上期库存，即 $I_{k-1} + QQP_k$。若记单位产品出厂价为 $\zeta$，那么生产计划期长度 $H$ 内的收益为

$$SR(\boldsymbol{U},\boldsymbol{G},\boldsymbol{O}) = \begin{cases} \zeta \sum_{k=1}^{K} (B_{k-1} + D_k), \Delta_k \geq 0 \\ \zeta \sum_{k=1}^{K} (I_{k-1} + QQP_k), \Delta_k < 0 \end{cases} \qquad (4-17)$$

### 4.3.4 目标函数

该优化模型的决策变量有三个，分别是生产计划期 $H$ 内两次维护间隔内生产的批量数向量 $U$ 与生产计划期 $H$ 内系统被维护的次数向量 $G$，均为正整数变量，还有生产计划期 $H$ 内系统空闲时间向量 $O$，其中 $U = (U_k)$，$G = (G_k)$，$O = (O_k)$，$k = 1, 2, \cdots, K$。决策的优化目标是企业利润最大化，需综合考虑这三个变量的情况。毛利润为收益 $SR$ 减去总成本，其中总成本由生产成本 $CP$、维护成本 $CM$、启动成本 $CSU$、质量成本 $CUP$、库存成本 $CI$ 及缺货成本 $CB$ 构成，基于前文分析推导过程可以得到单位时间毛利润最大化的目标函数：

$$AGP(U,G,O) = \frac{1}{H}\left[SR - (CP + CM + CSU + CUP + CI + CB)\right]$$

$$(4-18)$$

其中

$$h = G \otimes (T+L) + O$$
$$(U \in \mathbf{Z}^+, \ G \in \mathbf{Z}^+, \ O \in \mathbf{R}^+; \ T > 0, \ L \geqslant 0, \ O \geqslant 0)$$

$$(4-19)$$

显然，生产计划期 $H$ 内两次维护间隔内生产的批量数向量 $U$ 与生产计划期 $H$ 内系统被维护的次数向量 $B$ 为正整数变量，生产计划期 $H$ 内系统空闲时间向量 $O$ 为正实数变量。此外，因为第 $k$ 个生产周期长度 $h_k$ 由系统运行时间 $T_k$、系统维护时间 $L_k$ 及系统空闲时间 $O_k$ 三部分组成，故 $h_k = G_k \cdot (T_k + L_k) + O_k$，写成向量形式就是 $h = G \otimes (T+L) + O$，其中的各项变量都为正实数。

## 4.4 模型求解

经过以上模型推导过程，我们可以看出这是一个复杂的混合整数非线性优化问题。首先，它是一个混合整数非线性优化问题且决策变量多。其次，它是一个离散优化问题，有多重求和且某些约束非常复杂。因此对本问题的求解需要用到智能算法。由于遗传算法是一种较为成熟的智能算法，适应性强，因此本书使用遗传算法，具体求解步骤如下：

Step 1，设定算法终止条件，初始化各算例参数。

Step 2，计算初始时刻系统的一步转移概率矩阵 $\boldsymbol{P}(0)$ 及经过 $n$ 个生产批量之后（即经过 $n$ 步状态转移之后）系统的绝对分布 $\boldsymbol{p}(n)$，其中 $\boldsymbol{p}(n) = \boldsymbol{p}(0)\ \boldsymbol{P}^{(n)}(0)$。

Step 3，初始产生若干条染色体，每条染色体上包含的信息为 $(\boldsymbol{U},\ \boldsymbol{G},\ \boldsymbol{O})$。

Step 4，对染色体进行交叉和变异操作。

Step 5，计算 $CP$、$CM$、$CSU$、$CUP$、$CI$、$CB$、$SR$：

Step 5.1，计算第 $k$ 个生产周期内一个维护间隔期内设备的运行时间 $T_k$、第 $k$ 个生产周期内维护间隔期结束后维护时间期望 $L_k$、第 $k$ 个生产周期内维护间隔期结束后维护成本期望 $\Omega_k$；

Step 5.2，在第 $k$ 个生产周期内任一维护间隔期内生产的合格品数量 $\phi_k$ 与不合格品数量 $\varphi_k$、第 $k$ 个生产周期内合格品数量 $QQP_k$、第 $k$ 个生产周期内不合格品数量 $QUP_k$；

Step 5.3，计算第 $k$ 个生产周期内广义库存 $\Delta_k$、第 $k$ 个生产周期内绝对库存 $I_k$、第 $k$ 个生产周期内绝对缺货 $B_k$；

Step 5.4，计算第 $k$ 个生产周期内库存成本 $CI_k$、第 $k$ 个生产周期内缺货成本 $CB_k$、第 $k$ 个生产周期内收益 $SR_k$。

Step 6，由 Step 4 结果计算每条染色体的适应度值：

Step 6.1，计算生产计划期内的总成本 $TC$、生产计划期内的总收益 $SR$、生产计划期内的总毛利润 $TGP$；

Step 6.2，计算生产计划期内的单位时间平均毛利润 $AGP$、罚函数的值。

Step 7，通过旋转赌轮，选择染色体。

Step 8，重复步骤 Step 3 至 Step 7 直到满足算法终止条件。

Step 9，取最好的染色体作为最优解。

## 4.5　算例模拟及分析

为了说明本书理论的实用性及有效性，这里应用一个装配制造型企业算例。在该算例中，我们用一个自然年作为该企业的生产计划期，该计划期分为 12 个生产周期。我们将系统分为 12 个状态，状态空间为 {0，1，2，…，11}，其中 0 为初始状态，11 为失效状态。根据该企业的历史数据，可以分别

拟合出系统状态为 $i$ 时的产品合格品率 $\eta_i = 1 - 0.03(i-1)$、系统状态为 $i$ 时的维护时间 $\tau_i = 0.2 + \sqrt{i}/300 + i/100$、系统状态为 $i$ 时的维护成本 $c_i^M = 1000 + 100 \cdot i^{1.6}$，$i \in \{0, 1, 2, \cdots, 11\}$。为更好地讨论系统状态转移概率 $\alpha_l$ 与系统失效概率 $\beta_l$ 对企业运营的影响，令 $\alpha_l = \alpha = 0.1$，$\beta_l = \beta = 0.01$。该企业的其他各项数据如表 4 - 1 与表 4 - 2 所示。

表 4 - 1　算例部分参数 1

| 项　　目 | 单　位 | 数　　量 |
|---|---|---|
| 生产周期数量 $K$ | 个 | 12 |
| 生产计划期长度 $H$ | 天 | 365 |
| 制造系统名义生产率 $\rho$ | 件/天 | 750 |
| 单位生产批量 $Q$ | 件 | 1500 |
| 单位产品生产成本 $c^P$ | 元/件 | 300 |
| 系统单次启动成本 $c^{SU}$ | 元/次 | 5000 |
| 单位不合格产品质量成本 $c^{UP}$ | 元/件 | 280 |
| 产品库存成本 $c^I$ | 元/(件·天) | 70 |
| 产品缺货成本 $c^B$ | 元/(件·天) | 800 |
| 单位产品出厂价 $\zeta$ | 元/件 | 1850 |
| 初始广义库存 $\Delta_0$ | 件 | 0 |

由于本算例要计算一个自然年里每个月系统两次维护间隔内生产的批量数 $U_k$、系统被维护的次数 $G_k$、系统空闲时间 $O_k$（$k = 1, 2, \cdots, 12$），因此本算例共有 36 个决策变量，这 36 个决策变量既决定了生产计划，也决定了维护计划。

表 4 - 2　算例部分参数 2

| $k$ | $h_k$ | $D_k$ |
|---|---|---|
| 1 | 31 | 7750 |
| 2 | 28 | 5880 |
| 3 | 31 | 5270 |

| $k$ | $h_k$ | $D_k$ |
|---|---|---|
| 4 | 30 | 6000 |
| 5 | 31 | 7130 |
| 6 | 30 | 7500 |
| 7 | 31 | 8990 |
| 8 | 31 | 9610 |
| 9 | 30 | 10200 |
| 10 | 31 | 9610 |
| 11 | 30 | 8400 |
| 12 | 31 | 8060 |

## 4.5.1　计算结果

根据已给定的各参数，用 MATLAB 计算得到如下结果：单位时间毛利润为 311449.86 元/天，年毛利润为 113679200.30 元，其中总成本为 60957715.02 元，总收入为 174636915.32 元。使用本书模型可以得到每个生产周期内两次维护间隔内最优生产批量数、每个生产周期内最优系统被维护次数、每个周期内设备空闲时长，每个周期内各个参数是不同的，具体生产维护计划如表 4-3 所示。

表 4-3　最优生产与预防维护计划及其运营水平

| $k$ | $U_k$ | $G_k$ | $O_k$ | 系统运行总时长（天） | 系统利用率（%） | 不合格品率（%） | 服务水平（%） |
|---|---|---|---|---|---|---|---|
| 1 | 4 | 5 | 2.74 | 28.26 | 91.16 | 0.34 | 100.00 |
| 2 | 2 | 5 | 1.88 | 26.12 | 93.29 | 0.31 | 100.00 |
| 3 | 3 | 6 | 0.6 | 30.40 | 98.06 | 0.32 | 100.00 |
| 4 | 2 | 2 | 1.97 | 28.03 | 93.43 | 0.31 | 100.00 |
| 5 | 4 | 4 | 2.4 | 28.60 | 92.26 | 0.34 | 100.00 |
| 6 | 3 | 5 | 2.5 | 27.50 | 91.67 | 0.32 | 100.00 |
| 7 | 3 | 6 | 1.81 | 29.19 | 94.16 | 0.32 | 100.00 |

| $k$ | $U_k$ | $G_k$ | $O_k$ | 系统运行总时长（天） | 系统利用率（%） | 不合格品率（%） | 服务水平（%） |
|---|---|---|---|---|---|---|---|
| 8 | 4 | 6 | 0.5 | 30.50 | 98.39 | 0.34 | 100.00 |
| 9 | 2 | 6 | 0.31 | 29.69 | 98.97 | 0.31 | 100.00 |
| 10 | 3 | 6 | 1.6 | 29.40 | 94.84 | 0.32 | 100.00 |
| 11 | 2 | 6 | 0.33 | 29.67 | 98.9 | 0.31 | 100.00 |
| 12 | 2 | 5 | 0.93 | 30.07 | 97.00 | 0.31 | 99.98 |
| 平均 | 2.83 | 5.17 | 1.46 | 28.95 | 95.18 | 0.32 | 100.00 |

在表4-3中我们发现本书给出的生产维护优化模型能使系统状态维持在较好的运行状态，系统单次最大生产批量为4，最小为2，平均在2.83，平均每个周期要维护5.17次，平均每个周期系统的空闲时间接近一天半。此外，使用该模型得到的生产维护计划能使设备利用率保持较高水平，平均达到95.18%，而不合格品率保持较低水平，平均仅有0.32%。即使在波动水平达到100%的情况下，使用该模型得到的生产维护计划仍然能较好地使系统服务满足市场的随机需求。

从表4-4中的结果可以看出，该制造商的超过九成成本来自生产成本，其次是库存成本与维护成本，质量成本与缺货成本所占比重很小。在如图4-3所示，在产品合格率随设备状态劣化而衰变的情况下，使用本书模型得到的决策结果能使制造商保持较低的库存和缺货水平，制造商能有效地满足产品的随机需求。同时也说明在合格率衰变的条件下，一定会产生不合格品。

表4-4 各项成本及其占比比较

| 项目 | 成本（元） | 本章模型中各项成本占比（%） | 第3章模型中各项成本占比（%） |
|---|---|---|---|
| $CP$ | 58154789.54 | 95.40 | 87.61 |
| $CM$ | 1148687.94 | 1.88 | 0.41 |
| $CSU$ | 310000 | 0.51 | 0.61 |
| $CUP$ | 84576.10 | 0.14 | 3.20 |
| $CI$ | 1258327.53 | 2.06 | 6.82 |
| $CB$ | 1333.91 | 0.01 | 1.36 |

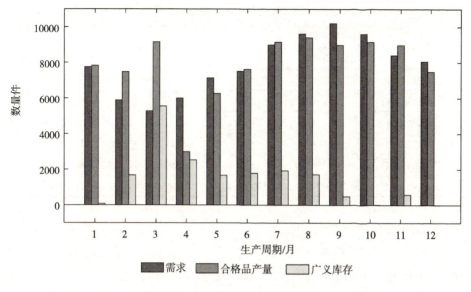

图4-3 各周期产品生产与需求情况

## 4.5.2 敏感度分析

由上一章的敏感度分析知，外因（如原材料价格上涨、产品出厂价的波动等）对企业生产经营的影响是局部的、有限的、次要的，而内因的影响却是深远的且全面的、主要的。因此本小节只分析系统状态转移概率及系统失效概率的影响。

1. 系统状态转移概率 $\alpha$ 敏感度分析

本小节考察了系统状态转移概率 $\alpha$ 对系统运行状况的影响，通过固定其他参数，分别使系统状态转移概率 $\alpha$ 等于0.05，0.06，0.07，0.08，0.09，得到模拟结果，选择几个被显著影响的参数进行对比，得到表4-5。分析表4-5的内容我们发现：①系统状态转移概率 $\alpha$ 的增长会显著减小系统的维护阈值并使维护次数显著增加，即如果系统想保持良好状态，需要更频繁地对系统进行维护；②系统状态转移概率 $\alpha$ 增大时，系统利用率会显著增加，即系统需要花费更多的时间去完成既定生产任务；③根据前面的分析，系统维护频率增长势必会影响系统的维护成本及启动成本，进而降低企业的单位时间毛利润。

表 4 – 5　系统状态转移概率 $\alpha$ 的影响

| 影响项 | $\alpha$ | | | | |
|---|---|---|---|---|---|
| | 0.05 | 0.06 | 0.07 | 0.08 | 0.09 |
| 月均维护阈值 | 6.43 | 5.62 | 5.17 | 4.51 | 3.95 |
| 月均维护次数 | 2.23 | 2.66 | 2.83 | 3.91 | 4.71 |
| 月均利用率 | 91.54% | 93.41% | 95.19% | 96.78% | 98.26% |
| 月均维护成本（元） | 36415.48 | 47191.21 | 51900.15 | 88495.82 | 123978.33 |
| 月均启动成本（元） | 133800.00 | 159600.00 | 169800.00 | 234600.00 | 282600.00 |
| 日均毛利润（元） | 379845.45 | 350598.73 | 311449.86 | 218745.32 | 154872.36 |

### 2. 系统失效概率 $\beta$ 敏感度分析

本小节考察了系统失效概率 $\beta$ 对系统运行状况的影响，通过固定其他参数，分别使系统失效概率 $\beta$ 等于 0.008，0.009，0.010，0.011，0.012，得到模拟结果，选择几个被显著影响的参数进行对比，得到表 4 – 6。分析表 4 – 6 的内容，我们发现：①系统失效概率 $\beta$ 的增长会显著减小系统的维护阈值并使维护次数显著增加，即如果系统想保持良好状态，需要更频繁地对系统进行维护；②随着系统失效概率 $\beta$ 的增长，系统更容易失效，生产更容易被中断，因此系统的服务水平会显著降低；③根据前面的分析，系统失效概率 $\beta$ 的增长降低了制造系统的服务水平，引起缺货量增长，提高了运营成本中的缺货成本，最终会降低系统毛利润。

表 4 – 6　系统失效概率 $\beta$ 的影响

| 影响项 | $\beta$ | | | | |
|---|---|---|---|---|---|
| | 0.008 | 0.009 | 0.010 | 0.011 | 0.012 |
| 月均维护阈值 | 6.11 | 5.45 | 5.17 | 4.67 | 3.77 |
| 月均维护次数 | 2.34 | 2.69 | 2.83 | 3.17 | 3.86 |
| 月均服务水平 | 99.31% | 98.92% | 97.17% | 94.35% | 92.88% |
| 月均缺货成本（元） | 364125.09 | 520141.70 | 1028451.97 | 1964851.23 | 2763808.95 |
| 日均毛利润（元） | 369454.45 | 333681.63 | 311449.86 | 258473.19 | 184512.66 |

### 3. 产品合格品率衰减率 $\xi$ 敏感度分析

本小节考察了产品合格品率衰减率 $\xi$ 对系统运行状况的影响，通过固定其他参数，分别使系统产品合格品率衰减率 $\xi$ 等于 0.05，0.06，0.07，0.08，

0.09，得到模拟结果，选择几个被显著影响的参数进行对比，得到表 4 - 7。分析表 4 -7 的内容可以发现：①与前面的两个因素一样，产品合格品率衰减率 $\xi$ 的增长会显著减小系统的维护阈值并使维护次数显著增加，即如果系统想保持良好状态，需要更频繁地对系统进行维护；②随着系统失效概率的增长，系统更容易产生不合格品，引起不合格品率升高；③根据前面的分析，系统失效概率的增长降低了制造系统的产品合格品率的水平，引起产品质量成本升高，最终会降低系统毛利润。

表 4 - 7　产品合格品率衰减率 $\xi$ 的影响

| 影响项 | $\xi$ | | | | |
|---|---|---|---|---|---|
| | 0.05 | 0.06 | 0.07 | 0.08 | 0.09 |
| 月均维护阈值 | 8.13 | 6.79 | 5.17 | 4.04 | 2.55 |
| 月均维护次数 | 2.18 | 2.45 | 2.83 | 3.62 | 5.74 |
| 月均不合格品率 | 0.19% | 0.27% | 0.32% | 0.89% | 1.77% |
| 月均质量成本（元） | 20813.28 | 32142.03 | 41773.56 | 557463.02 | 784126.30 |
| 日均毛利润（元） | 425475.32 | 396284.18 | 311449.86 | 255284.14 | 124836.02 |

## 4.6　管理启示

本章首先分析了突发性失效马尔可夫劣化模式下制造系统的生产维护决策问题，建立了相应的决策优化模型，并开发了求解算法，最后经过算例计算及部分参数的敏感度分析，得到了一些有意义的结论，具体可以归纳为以下四条管理启示。

启示一：从算例分析看出本章提出的生产维护决策模型及求解算法是有效可行的，能够以较少的维护成本满足需求市场。通过本章模型得到的相应的维护计划能够使产品不合格品率保持较低水平，使设备使用率及服务水平保持较高水平，有效改善企业的经营水平且使企业有足够的柔性，能够抵御较强的产品需求随机市场波动。

启示二：系统状态转移概率反映了系统的劣化强度，系统状态转移概率越大，系统劣化强度越大，系统劣化越快。当系统状态转移概率升高时，系统的维护成本就会升高，进而影响企业的盈利。企业管理者要想控制系统的维护成本或者缩小系统维护员工队伍规模，就应该控制系统劣化，做好日常维护保养，或及时更换新设备。

启示三：从表4-6可以看出，系统失效概率增加使维护次数增加，缺货成本显著增加，企业利润减少。硬件设备突然受到冲击等都会引起系统失效概率增加，系统的失效概率增加会显著减小系统的维护阈值并使维护次数显著增加，且会造成包括由预防维护及事后维护引起的频繁停机，打乱生产结构，造成系统无法完成生产任务进而使企业的服务水平降低、缺货成本升高。

在精益生产（JIT准时生产）的环境下，设备的失效会导致生产中断，缺货增加，企业产生的损失更大。由此看出，在精益生产的准时交货压力下，提供生产系统的可靠性和提高生产维护的有效性非常重要。为保持供应链的稳定，减少缺货，企业生产维护管理人员应该严格执行企业内部操作规程，减少人力及设备的不可控风险，保持设备较低的失效率。

启示四：从表4-7可以看出，产品合格品率衰变率对维护决策有较大影响，企业应该重视由于系统劣化导致产品合格品率衰变的情况发生。由于产品合格品率衰减是由于系统劣化引起的制造精度降低引起的，管理者要保证系统处于良好的工作状态，应加强硬件保养维护，同时规范工人的操作，建立质量控制系统。此外，物料投放失误、人为操作失误都会引起产品合格品率降低。产品合格品率衰变会造成人力物力的浪费，处理不合格品也会产生相应的成本。

## 4.7  本章小结

本章首先分析了使用单级突发性失效劣化制造系统的企业面临的现实问题及已有研究的不足。其次介绍了马尔可夫链的一般概念及性质，并依托马尔可夫链模型建立了相应的决策模型并开发了求解算法。最后应用算例验证了算法的有效性，并分析部分参数得到了一些管理启示。具体来说，本章在分析突发性失效马尔可夫劣化模式下制造系统生产维护决策问题的基础上，提出了相应的生产维护决策方法。相比上一章内容，本章考虑了系统的随机失效对生产运营的影响。在此背景下，为找到最优维护决策，本章逐个分析了制造系统生产及维护时间、系统生产成本、系统维护成本、系统启动成本、质量成本、库存与缺货成本以及收入，建立了企业毛利润最大化模型。经过计算，本章给出了该策略中最优的系统维护批量数阈值。研究结果表明：本章提出的模型对于一般的会随机失效的单级劣化制造系统的维护计划决策模型是实用且有效的，通过该模型制订的维护计划能使企业面对随机市场需求具有充分的柔性。此外，企业管理者一方面要着重保持系统良好的运转状态，控制系统劣化，另一方面也要减少对系统的冲击以降低其随机失效概率。

# 第5章 多级渐变式马尔可夫劣化模式下的生产维护决策

## 5.1 引言

本书第 3 章与第 4 章主要对单级劣化制造系统的生产维护问题做了研究。在现实中，制造系统有单级也有多级，因此，本章讨论多级劣化制造系统的生产维护决策问题。多级制造系统是指由完成最终产品所需的相对独立的多个部件、工作站或阶段组成的集成串联系统（Shi，2009）。在该系统中，物流由系统的首端依次经过各子系统，最终到系统末端，中间子系统生产的产品称为半成品，末端子系统生产的产品称为成品。多级制造系统，工序多，设备多，一般用于复杂、高技术、多能产品的生产，如高端机床的生产、智能家电的生产等。随着我国消费市场日趋高端化，多级生产制造系统也将应用得更加普遍。例如，液晶显示器的生产就可以看成两个单级制造系统串联而成的二级制造系统。液晶显示器的生产可以分为两道工序——前工序和后工序。前工序包括玻璃清洗、涂光刻胶和预烘等一系列工艺流程。后工序包括切割、裂片和灌注晶体等一系列工艺流程。其前工序与后工序的制造系统可以分别看作一个单级制造系统。相对于单级制造系统，多级制造系统在生产物资管理、人员调度、信息传输及成本控制方面更加复杂，风险更多，很多学者从不同角度对其进行了研究。

多级制造系统的生产维护决策比单级制造系统的生产维护决策更加复杂，每一级系统的生产系统出现问题都会对相邻的下级生产系统产生一定的影响。比如，不同级别的生产活动之间的质量相关性、库存相关性等，都对生产维护决策产生影响。这种多级制造系统在渐变劣化模式下的生产维护决策到底应该如何建立呢？为此，本章通过应用齐次马尔可夫链模拟多级劣化制造系统劣化过程，建立生产维护优化模型，找到该类型制造系统最佳生产维护计划，并分析部分参数敏感性。

## 5.2　问题描述、模型假设及符号说明

### 5.2.1　问题描述

本章将第 3 章的研究对象——单级渐变式劣化制造系统拓展到了多级渐变式劣化制造系统。多级制造系统是指由多个高度相关的、一系列工序集成的制造系统串联而组成的新的制造系统（如图 5-1 所示）。对于这类劣化制造系统而言，不合理的生产维护决策给企业生产经营带来的问题是两方面的。一方面，若制造系统维护不足，其运行状态恶化，产品合格品率变低、产生大量不合格品，造成人力物力浪费，增加了企业运营成本；另一方面，若制造系统维护过度，则会造成制造系统频繁停机、部分产能浪费，同样会增加企业运营成本。除以上所述问题之外，对于多级制造系统而言，这类制造系统中产品质量问题会累积，很多单级制造系统面临的问题都会变得更大，给企业带来的损失会更多。因此，找到一种合理有效的维护策略是这类型企业保持良好运营状态的关键。因为二级制造系统为最常见的多级制造系统，其他多级制造系统均可以由二级制造系统与单级制造系统线性组合而成，所以为节约本书篇幅，本书所讨论的多级制造系统仅仅是指二级制造系统，如图 5-1 所示。

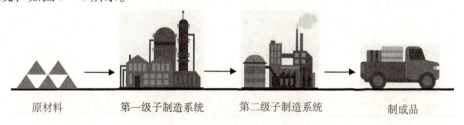

原材料　　　　第一级子制造系统　　　第二级子制造系统　　　　制成品

**图 5-1　二级制造系统示意**

为应对该类型制造系统面临的问题，本章提出一种生产维护策略——对于生产计划期内的任何一个生产周期，企业管理人员综合考察订单情况、制造系统产能、各级子制造系统劣化速率及各级制造系统产品合格品率和衰减率情况，为系统状态设定一个连续生产的批量阈值，一旦该制造系统所生产的批量数达到该批量数阈值便开始对系统进行预防维护，完成预防维护后立即恢复生产，整个过程循环往复直至生产任务完成，如图 5-2 所示。

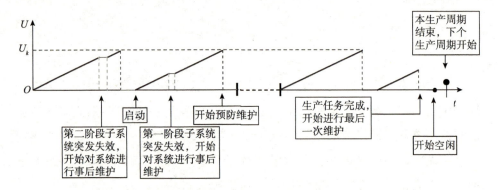

图 5-2　以生产批量数为阈值的二级渐变式劣化制造系统生产维护计划

## 5.2.2　模型假设

本章模型推导建立在以下假设的基础上：①制造系统的劣化是不可逆的，其状态变化为一个纯生过程；②产品质量水平随制造系统的劣化而衰减；③制造系统的劣化是渐变式的，不会突发性失效。

## 5.2.3　符号说明

此外，在模型建立过程中，还会使用到其他变量，具体如下：

$K$　生产周期数量

$h_k$　第 $k$ 个生产周期长度（$k=1, 2, \cdots, K$）

$H$　生产计划期长度

$d_k$　第 $k$ 个生产周期内产品平均需求率（$k=1, 2, \cdots, K$）

$\rho$　制造系统名义生产率

$Q$　单位生产批量

$\alpha$　　第一阶段生产子系统劣化概率

$\xi$　　第一阶段产品合格品率衰减率

$\eta_0$　　第一阶段生产子系统状态为 0 时的产品合格品率

$\eta_i$　　第一阶段生产子系统状态为 $i$ 时的产品合格品率，$\eta_i = \eta_{i-1}(1-\xi)$

$\phi_i$　　第一阶段生产子系统状态为 $i$ 时的维护时间

$\beta$　　第二阶段生产子系统劣化概率

$\xi$　　第二阶段产品合格品率衰减率

$\mu_0$　　第二阶段生产子系统状态为 0 时的产品合格品率

$\mu_i$　　第二阶段生产子系统状态为 $i$ 时的产品合格品率，$\mu_i = \mu_{i-1}(1-\zeta)$

$\varphi_i$　　第二阶段生产子系统状态为 $i$ 时的维护时间

$c^P$　　单位产品生产成本

$c_i^{M1}$　第一阶段生产子系统状态为 $i$ 时的维护成本

$c_i^{M2}$　第二阶段生产子系统状态为 $i$ 时的维护成本

$c^{SU}$　系统单次启动成本

$c^{UP}$　单位不合格产品质量成本

$c^I$　　产品库存成本

$c^B$　　产品缺货成本

$\zeta$　　单位产品出厂价

本节试图通过建立不失效二阶段制造系统毛利润最大化模型得到最优生产维护计划。因此，本书的决策变量如下：

$U_k$　　第 $k$ 个生产周期内两次维护间隔内生产的批量数（$k = 1, 2, \cdots, K$）

$G_k$　　第 $k$ 个生产周期内系统被维护的次数（$k = 1, 2, \cdots, K$）

$O_k$　　第 $k$ 个生产周期内系统空闲时间（$k = 1, 2, \cdots, K$）

可以简写成 $\boldsymbol{U} = (U_k)$，$\boldsymbol{G} = (G_k)$，$\boldsymbol{O} = (O_k)$（$k = 1, 2, \cdots, K$）。

## 5.3　模型建立

### 5.3.1　齐次马尔可夫链

**定义 5.1**　记 $p_{ij}(n)$（$n \geqslant 0$；$i, j \in S$）为马尔可夫链 $\{X_n, n \geqslant 0\}$ 在 $n$ 时

刻由状态 $i$ 经过一步转移到状态 $j$ 的概率，即 $p_{ij}(n)=P(X_{n+1}=j|X_n=i)$。若 $p_{ij}(n)$ 总是与 $n$ 无关，则称离散马尔可夫过程 $\{X_n,n\geq0\}$ 是齐次的，此时 $p_{ij}(n)$ 简记为 $p_{ij}$，否则称其为非齐次的。此时，其一步转移概率矩阵与 $k$ 步转移概率矩阵分别简记为 $\boldsymbol{P}$ 与 $\boldsymbol{P}^{(k)}$。

**引理 5.1** 齐次马尔可夫链 $\{X_n,n\geq0\}$ 的有限维分布 $\boldsymbol{p}^{(k)}=\boldsymbol{p}^{(0)}\boldsymbol{P}^k$ 由其初始分布 $\boldsymbol{p}^{(0)}$ 和一步转移概率 $\boldsymbol{P}$ 所完全确定。

### 5.3.2　二级渐变式劣化制造系统的齐次马尔可夫链模型

通常来讲，一个二阶段生产制造系统可以被划分为两个串联的子系统，即第一个阶段构成的子系统 1 与第二个阶段构成的子系统 2。子系统 1 在 $n$ 时刻的状态 $i$ 与子系统 2 在 $n$ 时刻的状态 $j$ 构成一个二维状态 $(i,j)$，$i\in\{0,1,\cdots,M+1\}$，$j\in\{0,1,\cdots,N+1\}$。其中，对子系统 1 而言，$0,1,\cdots,M$ 为工作状态，$M+1$ 为失效维护状态；对子系统 2 而言，$0,1,\cdots,N$ 为工作状态，$N+1$ 为失效维护状态。若假设系统未来的状态只与系统现在的状态有关而与系统过去的状态无关，那么二阶段生产制造系统的劣化过程就可以看成一个具有二维状态 $(i,j)$ 的马尔可夫链，该马尔可夫链的二维状态空间为

$$\{(i,j)|i=0,1,\cdots,M+1;j=0,1,\cdots,N+1;i+j<M+N+2\}$$

$$=\left\{\begin{array}{ccccc} 0,0 & 0,1 & \cdots & 0,N & 0,N+1 \\ 1,0 & 1,1 & \cdots & 1,N & 1,N+1 \\ \vdots & \vdots & & \vdots & \vdots \\ M,0 & M,1 & \cdots & M,N & M,N+1 \\ M+1,0 & M+1,1 & \cdots & M+1,N & M+1,N+1 \end{array}\right\} \quad (5-1)$$

说明：由于该二阶段生产制造系统中任意一个失效，即子系统 1 达到状态 $M+1$，或子系统 2 达到 $N+1$，系统便会开始停机维护，不会再继续劣化，如图 5-3 所示。因此，状态 $(M+1,N+1)$ 实际是不存在的。

为了使模型计算方便有效，将该二维状态的马尔可夫链转化为一个一维状态的马尔可夫链 $\{X_n,n\geq0\}$，该马尔可夫链的一步转移概率矩阵可以表示成 $\boldsymbol{P}=(p_{kl})$。令 $k=i(N+2)+j$（$i=0,1,\cdots,M+1;j=0,1,\cdots,N+1;i+j<M+N+2$），这样就可以得到一维状态空间 $S=\{k|k=0,1,\cdots,(M+2)(N+2)-2\}$。$S$

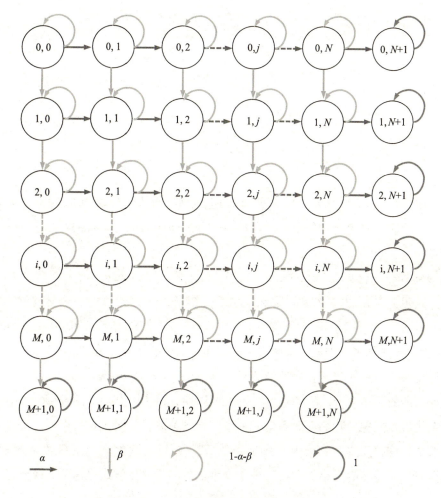

**图 5-3　二级渐变式劣化制造系统状态转移**

共有 $(N+2)(M+1)+N+1$ 个元素。相反，若已知 $k$，$M$，$N$，也可以得到确定的 $i$，$j$。其中，$i$ 为 $\dfrac{k}{N+2}$ 的整数部分（记 $x$ 的向下取整可以表示为 $\lfloor x \rfloor$），$j$ 为 $\dfrac{k}{N+2}$ 的余数，即 $i = \left\lfloor \dfrac{k}{N+2} \right\rfloor$，$j = k - \left\lfloor \dfrac{k}{N+2} \right\rfloor (N+2)$。根据系统状态转移图，若记该链的一步转移概率为 $p_{kl}$，那么 $p_{kl}$ 可以表示成

$$p_{kl} = \begin{cases} 1-\alpha-\beta, & \left\lfloor \dfrac{k}{N+1} \right\rfloor \leqslant N \text{ 且 } k - \left\lfloor \dfrac{k}{N+1} \right\rfloor (N+1) \leqslant M \text{ 且 } k = l \\[3mm] \alpha, & \left\lfloor \dfrac{k}{N+1} \right\rfloor \leqslant N \text{ 且 } k - \left\lfloor \dfrac{k}{N+1} \right\rfloor (N+1) \leqslant M \text{ 且 } l = k+1 \\[3mm] \beta, & \left\lfloor \dfrac{k}{N+1} \right\rfloor \leqslant N \text{ 且 } k - \left\lfloor \dfrac{k}{N+1} \right\rfloor (N+1) \leqslant M \text{ 且 } l = k+N+2 \\[3mm] 1, & \left\lfloor \dfrac{k}{N+1} \right\rfloor > N \text{ 且 } k - \left\lfloor \dfrac{k}{N+1} \right\rfloor (N+1) > M \text{ 且 } k = l \\[3mm] 0, & \text{其他} \end{cases} \tag{5-2}$$

**命题 5.1** 若已知马尔可夫链 $\{X_n, n \geqslant 0\}$ 的初始分布为 $p(0)$，那么经过 $n$ 步转移之后的绝对分布可以表示为 $p(n) = p(0)P(n) = p(0)P^n$。其中，

$$p(0) = (p_0, p_1, \cdots, p_l, \cdots, p_{(N+2)(M+1)+N})_{1 \times [(N+2)(M+1)+N+1]}$$

$$p(n) = (p_0(n), p_1(n), \cdots, p_l(n), \cdots, p_{(N+2)(M+1)+N}(n))_{1 \times [(N+2)(M+1)+N+1]}$$

**证明：** 因 $\alpha$、$\beta$ 为常数，那么马尔可夫链 $\{X_n, n \geqslant 0\}$ 的一步转移概率矩阵 $P = (p_{kl})$ 为一个不随时间变化的常数矩阵，根据定义 5.1 可知 $\{X_n, n \geqslant 0\}$ 为一齐次马尔可夫链。根据 C-K 方程，如果已知初始分布 $p(0)$，那么可以得到系统经过 $n$ 步转移之后的绝对分布 $p(n) = p(0)P(n) = p(0)P^n$。设生产计划期的长度为 $H$，$H$ 又分为 $K$ 个生产周期，每个生产周期的长度为 $h_k$。针对系统劣化问题，我们在此提出一种生产维护策略，人为设定每个生产周期 $h_k$ 内系统在维护间隔内的最大生产批量数 $U_k$，一旦连续生产的批量数达到 $U_k$，就组织工人进行生产维护。在这种生产维护策略下，系统最终达到一个动态平衡状态。

### 5.3.3 运行时间、运营成本及毛利润分析

该多级制造系统在一个生产计划期 $H$ 内总共运行了 $K$ 个生产周期，第 $k$ 个生产周期的长度为 $h_k$，$H$ 与 $h_k$ 的关系为 $H = \sum_{k=1}^{K} h_k$。第 $k$ 个生产周期 $h_k$ 内两次维护间隔内生产的批量数 $U_k$ 为决策变量，换句话讲，系统在每次连续运行后生产了 $U_k$ 个生产批量，生产每个批量系统运行的时长可以表示为 $Q/\rho$，其中 $Q$ 单位生产批量大小 $\rho$ 为系统名义生产率。若记 $T_k$ 为每次维护间隔期的长度，那么 $T_k = U_k Q/\rho$。第 $k$ 个生产周期 $h_k$ 内，设备将运行 $G_k$ 次，那么 $h_k$ 内设

备运行的时间长度为 $G_k U_k Q / \rho$。经过 $U_k$ 个生产批量后，设备状态的绝对分布为 $p(U_k)$，记 $h_k$ 内维护间隔期结束后维护时间期望为 $L_k$，那么 $L_k = \sum_{j=0}^{N} \sum_{i=0}^{M} (\phi_i + \varphi_j) \cdot p_{ij}(U_k)$，将二维状态化为一维状态，即

$$L_k = \sum_{l=0}^{(N+2)(M+1)+N} \left( \phi_{\left\lfloor \frac{l}{N+1} \right\rfloor} + \varphi_{k - \left\lfloor \frac{k}{N+1} \right\rfloor (N+1)} \right) \cdot p_l(U_k)$$

此外，若制造系统已完成本周期规定的生产任务，那么制造系统将空闲下来，记制造系统的空闲时间为 $O_k$，那么根据本书假设有：$h_k = G_k \cdot (T_k + L_k) + O_k$。其中，$T_k > 0$，$L_k > 0$，$O_k \geqslant 0$；$k = 1, 2, \cdots, K$。

企业的运营效果可以简单地用企业的毛利润来衡量，企业的毛利润由企业的销售额与运行成本决定。为了准确全面衡量企业的毛利润，下面依次分析企业的运营成本及收益，其中运营成本包括：生产成本、维护成本、启动成本、质量成本、库存成本/缺货成本。下面就各项生产成本分别分析。

（1）生产成本 $CP$。在一个维护间隔内生产的产品为 $U_k Q$，第 $k$ 个生产周期 $h_k$ 内共有 $G_k$ 个维护间隔，$h_k$ 内生产的产品为 $G_k U_k Q$，那么一个生产计划期 $H$ 内的产量为 $\sum_{k=1}^{K} G_k \cdot U_k \cdot Q$，若记单位生产成本为 $c^P$，那么一个生产计划期内的生产成本为

$$CP(\boldsymbol{U}, \boldsymbol{G}, \boldsymbol{O}) = c^P \sum_{k=1}^{K} G_k \cdot U_k \cdot Q \tag{5-3}$$

（2）维护成本 $CM$。已知第一阶段生产子系统状态为 $i$ 时的维护成本为 $c_i^{M1}$ 及第二阶段生产子系统状态为 $i$ 时的维护成本为 $c_i^{M2}$。若系统在二维状态 $(i, j)$ 上被维护，那么维护成本为 $c_j^{M2} + c_i^{M1}$，而系统在二维状态 $(i, j)$ 上被维护的概率为 $p_{ij}(U_k)$，那么在二维状态 $(i, j)$ 上的期望成本为 $(c_j^{M2} + c_i^{M1}) \cdot p_{ij}(U_k)$，一次维护的期望成本为 $\sum_{j=0}^{N} \sum_{i=0}^{M} (c_j^{M2} + c_i^{M1}) \cdot p_{ij}(U_k)$。第 $k$ 个生产周期 $h_k$ 内共有 $G_k$ 次维护，所以 $h_k$ 内的维护成本为 $G_k \cdot \left[ \sum_{j=0}^{N} \sum_{i=0}^{M} (c_j^{M2} + c_i^{M1}) \cdot p_{ij}(U_k) \right]$。那么，生产计划期 $H$ 内维护成本为

$$CM(\boldsymbol{U}, \boldsymbol{G}, \boldsymbol{O}) = \sum_{k=1}^{K} G_k \cdot \left[ \sum_{j=0}^{N} \sum_{i=0}^{M} (c_j^{M2} + c_i^{M1}) \cdot p_{ij}(U_k) \right] \tag{5-4}$$

为便于计算，在一维状态空间下改写后得到

$$CM(\boldsymbol{U},\boldsymbol{G},\boldsymbol{O}) = \sum_{k=1}^{K} \left[ G_k \cdot \sum_{l=0}^{(N+2)(M+1)+N} \left( c^{M2}_{k-\left\lfloor \frac{k}{N+1} \right\rfloor (N+1)} + c^{M1}_{\left\lfloor \frac{l}{N+1} \right\rfloor} \right) \cdot p_l(U_k) \right]$$

$$(5-5)$$

（3）启动成本 $CSU$。本节模型中的制造系统为不随机失效系统，不存在事后维护情况，所有维护全部为预防维护。那么有多少次预防维护就有多少次启动，第 $k$ 个生产周期 $h_k$ 内系统被维护的次数为 $G_k$，单次启动成本为 $c^{SU}$，那么生产计划期 $H$ 内的启动成本可以表示为

$$CSU(\boldsymbol{U},\boldsymbol{G},\boldsymbol{O}) = c^{SU} \sum_{k=1}^{K} G_k$$

$$(5-6)$$

（4）质量成本 $CUP$。系统因磨损老化等各种原因引起的劣化会导致生产精度下降，进而生产出不合格品。这些不合格品不能销售，需要进一步处理，这就是因产品质量问题引起的成本，简称质量成本。系统在生产第 $n$ 个生产批量时，系统已生产了 $n-1$ 个批量，即已经过 $n-1$ 步转移，所以系统状态的绝对分布为 $p(n-1)$。其中

$$p(n-1) = (p_0(n-1), p_1(n-1), \cdots, p_{(N+2)(M+1)+N}(n-1))_{1 \times [(N+2)(M+1)+N+1]}$$

$$(5-7)$$

若第一阶段生产子系统状态为 $i$ 时的产品合格品率为 $\eta_i$，第二阶段生产子系统状态为 $j$ 时的产品合格品率为 $\mu_j$，其中 $\eta_i = \eta_{i-1}(1-\xi)$，$\mu_j = \mu_{j-1}(1-\zeta)$。已知第一阶段及第二阶段生产子系统状态为 0 时的产品合格品率为 $\eta_0$、$\mu_0$ 的情况下，进一步可以得到 $\eta_i = \eta_0(1-\xi)^i$，$\mu_j = \mu_0(1-\zeta)^j$。任何一级生产的不合格都会引起最终制成品的不合格，即不合格品率会积累，在二维状态 $(i,j)$ 下产品的不合格品率为 $\eta_i\mu_j$，在任意二维状态 $(i,j)$ 下产品的不合格品率的期望值为 $\eta_i \cdot \mu_j \cdot p_{ij}(n-1)$，那么在该批量内生产的合格品数量为 $Q\sum_{j=0}^{N}\sum_{i=0}^{M}\eta_i \cdot \mu_j \cdot p_{ij}(n-1)$，批量内生产的合格品数量为 $Q\sum_{j=0}^{N}\sum_{i=0}^{M}(1-\eta_i\mu_j) \cdot p_{ij}(n-1)$。将二维状态化为一维状态，那么合格品数量为 $Q\left[ \sum_{l=0}^{(N+2)(M+1)+N} \eta_{\left\lfloor \frac{l}{N+1} \right\rfloor} \cdot \mu_{l-\left\lfloor \frac{l}{N+1} \right\rfloor (N+1)} \cdot p_l(n-1) \right]$，不合格品数量为

$$Q\left[ \sum_{l=0}^{(N+2)(M+1)+N} (1-\eta_{\left\lfloor \frac{l}{N+1} \right\rfloor} \cdot \mu_{l-\left\lfloor \frac{l}{N+1} \right\rfloor (N+1)}) \cdot p_l(n-1) \right]$$。那么，在一个维护间隔期内的

合格品总产量为 $Q\sum_{n=1}^{U_k}\left[ \sum_{l=0}^{(N+2)(M+1)+N} \eta_{\left\lfloor \frac{l}{N+1} \right\rfloor} \cdot \mu_{l-\left\lfloor \frac{l}{N+1} \right\rfloor (N+1)} \cdot p_l(n-1) \right]$，在一个维护间隔

期内的合格品总产量为 $Q\sum_{n=1}^{U_k}\left[\sum_{l=0}^{(N+2)(M+1)+N}(1-\eta_{\lfloor\frac{l}{N+1}\rfloor}\cdot\mu_{l-\lfloor\frac{l}{N+1}\rfloor(N+1)})\cdot p_l(n-1)\right]$。若在 $h_k$ 内所有的合格品产量记为 $QQP_k$，那么

$$QQP_k = G_kQ\sum_{n=1}^{U_k}\left[\sum_{l=0}^{(N+2)(M+1)+N}\eta_{\lfloor\frac{l}{N+1}\rfloor}\cdot\mu_{l-\lfloor\frac{l}{N+1}\rfloor(N+1)}\cdot p_l(n-1)\right] \quad (5-8)$$

若在 $h_k$ 内所有的不合格品产量记为 $QUP_k$，那么

$$QUP_k = G_kQ\sum_{n=1}^{U_k}\left[\sum_{l=0}^{(N+2)(M+1)+N}(1-\eta_{\lfloor\frac{l}{N+1}\rfloor}\cdot\mu_{l-\lfloor\frac{l}{N+1}\rfloor(N+1)})\cdot p_l(n-1)\right] \quad (5-9)$$

产品的质量成本主要来自不合格品的处理带来的成本，若记 $c^{UP}$ 为单位不合格品质量成本，那么生产计划期 $H$ 内质量成本为

$$CUP(\boldsymbol{U},\boldsymbol{G},\boldsymbol{O}) = c^{UP}\sum_{k=1}^{K}QUP_k \quad (5-10)$$

（5）库存成本 $CI$/缺货成本 $CB$。一般来讲，为简化计算可以将第 $k$ 个生产周期长度 $h_k$ 内的广义库存表示成第 $k$ 个生产周期 $h_k$ 内企业累积的合格品数量与累积需求的差。记第 $k$ 个生产周期内的产品需求为 $D_l$，记初始广义库存为 $\Delta_0$，$h_k$ 内的广义库存为 $\Delta_k$，那么

$$\Delta_k = \Delta_0 + \sum_{l=1}^{k}(QQP_l - D_l) \quad (5-11)$$

当广义库存大于零时为绝对库存，记为 $I_k$，$I_k = \max\{\Delta_k, 0\}$。当广义库存小于零时为绝对缺货，记为 $B_k$，$B_k = \max\{-\Delta_k, 0\}$。记产品库存成本为 $c^I$，生产计划期长度 $H$ 内的库存成本为

$$CI(\boldsymbol{U},\boldsymbol{G},\boldsymbol{O}) = c^I\sum_{k=1}^{K}I_k \quad (5-12)$$

记产品缺货成本为 $c^B$，那么生产计划期长度 $H$ 内的缺货成本为

$$CB(\boldsymbol{U},\boldsymbol{G},\boldsymbol{O}) = c^B\sum_{k=1}^{K}B_k \quad (5-13)$$

（6）收益 $SR$。计算收益需分两种情况。第一种情况，当该周期广义库存为绝对库存时（也有可能库存刚好为零），产品数量能完全满足市场需求，此时的销售量即为上期未满足需求与当期需求之和，即 $B_{k-1}+h_kd_k$。第二种情况，当该周期广义库存表现为绝对缺货时，产品数量未能完全满足市场需求，此时的销售量即为上期库存与当期产量之和，即 $I_{k-1}+QQP_k$。若记单位产品出

厂价为 $\zeta$，那么生产计划期长度 $H$ 内的收益为

$$SR(\boldsymbol{U},\boldsymbol{G},\boldsymbol{O}) = \begin{cases} \zeta \sum_{k=1}^{K} (B_{k-1} + D_k), \Delta_k \geq 0 \\ \zeta \sum_{k=1}^{K} (I_{k-1} + QQP_k), \Delta_k < 0 \end{cases} \tag{5-14}$$

### 5.3.4 目标函数

本节研究的是一个两阶段制造系统的制造型企业。决策目标是使企业利润最大化，我们设定了三个决策变量，分别是生产计划期 $H$ 内两次维护间隔内生产的批量数向量 $\boldsymbol{U}$ 与生产计划期 $H$ 内系统被维护的次数向量 $\boldsymbol{G}$，为正整数变量，还有生产计划期 $H$ 内系统空闲时间向量 $\boldsymbol{O}$。其中，$\boldsymbol{U} = (U_k)$，$\boldsymbol{G} = (G_k)$，$\boldsymbol{O} = (O_k)$，$k = 1, 2, \cdots, K$。企业管理人员要使企业利润最大化，需综合考虑这三个变量的情况。本书以制造系统最大毛利润为优化目标。毛利润为收益 $SR$ 减去总成本，其中总成本由生产成本 $CP$、维护成本 $CM$、启动成本 $CSU$、质量成本 $CUP$、库存成本 $CI$ 及缺货成本 $CB$ 构成，基于前文分析推导过程可以得到单位时间毛利润最大化的目标函数：

$$AGP\ (\boldsymbol{U},\ \boldsymbol{G},\ \boldsymbol{O}) = \frac{1}{H} \left[ SR - (CP + CM + CSU + CUP + CI + CB) \right]$$

$$\tag{5-15}$$

其中，

$$\boldsymbol{h} = \boldsymbol{G} \otimes (\boldsymbol{T} + \boldsymbol{L}) + \boldsymbol{O}$$
$$(\boldsymbol{U} \in \mathbf{Z}^+,\ \boldsymbol{G} \in \mathbf{Z}^+,\ \boldsymbol{O} \in \mathbf{R}^+;\ \boldsymbol{T} > 0,\ \boldsymbol{L} \geq 0,\ \boldsymbol{O} \geq 0) \tag{5-16}$$

显然，生产计划期 $H$ 内两次维护间隔生产的批量数向量 $\boldsymbol{U}$ 与生产计划期 $H$ 内系统被维护的次数向量 $\boldsymbol{G}$ 为正整数变量，生产计划期 $H$ 内系统空闲时间向量 $\boldsymbol{O}$ 为正实数变量。此外，因为第 $k$ 个生产周期长度 $h_k$ 由系统运行时间 $T_k$、系统维护时间 $L_k$ 及系统空闲时间 $O_k$ 三部分组成，故 $h_k = G_k \cdot (T_k + L_k) + O_k$，写成向量形式就是 $\boldsymbol{h} = \boldsymbol{G} \otimes (\boldsymbol{T} + \boldsymbol{L}) + \boldsymbol{O}$，其中的各项变量都为正实数。

## 5.4　模型求解

经过以上模型推导过程，我们可以看出这是一个复杂的混合整数非线性优化问题。首先，它是一个混合整数非线性优化问题且决策变量多。其次，它是一个离散优化问题，有多重求和且某些约束非常复杂。因此，对本问题的求解需要用到智能算法。由于遗传算法是一种较为成熟的智能算法，适应性强，因此本书使用遗传算法，具体求解步骤如下：

Step 1，设定算法终止条件，初始化各算例参数。

Step 2，计算一步转移概率矩阵 $P = (p_{kl})$ 以及经过 $n$ 个生产批量之后（即经过 $n$ 步状态转移之后）系统的绝对分布 $p(n)$。其中，$p_{kl}$ 为一步转移概率，$k$，$l \in S$，$p(n) = p(0)P^n$。

Step 3，初始产生若干条染色体，每条染色体上包含的信息为 $(U, G, O)$。

Step 4，对染色体进行交叉和变异操作。

Step 5，计算 $CP$、$CM$、$CSU$、$CUP$、$CI$、$CB$、$SR$：

Step 5.1，计算第 $k$ 个生产周期内合格品数量 $QQP_k$、第 $k$ 个生产周期内不合格品数量 $QUP_k$、第 $k$ 个生产周期内一个维护间隔期内设备的连续运行时间 $T_k$、第 $k$ 个生产周期内一个维护间隔期内设备维护时间 $L_k$；

Step 5.2，计算第 $k$ 个生产周期内生产成本 $CP_k$、第 $k$ 个生产周期内维护成本 $CM_k$、第 $k$ 个生产周期内启动成本 $CSU_k$、第 $k$ 个生产周期内质量成本 $CUP_k$；

Step 5.3，计算第 $k$ 个生产周期内广义库存 $\Delta_k$、第 $k$ 个生产周期内绝对库存 $I_k$、第 $k$ 个生产周期内绝对缺货 $B_k$；

Step 5.4，计算第 $k$ 个生产周期内库存成本 $CI_k$、第 $k$ 个生产周期内缺货成本 $CB_k$、第 $k$ 个生产周期内收益 $SR_k$。

Step 6，由 Step 4 结果计算每条染色体的适应度值：

Step 6.1，计算生产计划期内的总成本 $TC$、生产计划期内的总收益 $SR$、生产计划期内的总毛利润 $TGP$；

Step 6.2，计算生产计划期内的单位时间平均毛利润 $AGP$、罚函数的值。

Step 7，通过旋转赌轮，选择染色体。

Step 8，重复步骤 Step 3 至 Step 7 直到满足算法终止条件。

Step 9，取最好的染色体作为最优解。

## 5.5 算例模拟及分析

为了说明本书理论的实用性及有效性，我们应用一个装配制造型企业算例。在该算例中，我们用一个自然年作为该企业的生产计划期，将该计划期分为 12 个生产周期。我们将各子系统均分为 10 个状态，状态空间为 $\{0, 1, 2, \cdots, 9\}$，其中 0 为初始状态，9 为失效状态。根据该企业的历史数据，可以分别拟合出子系统 1 状态为 $i$ 时的产品合格品率 $\eta_i = 1 - 0.03(i-1)$、子系统 2 状态为 $j$ 时的产品合格品率 $\mu_j = 1 - 0.02(j-1)$、子系统 1 状态为 $i$ 时的维护时间 $\phi_i = 0.2 + \sqrt{i}/300 + i/100$、子系统 2 状态为 $j$ 时的维护时间 $\varphi_j = 0.2 + \sqrt{j}/200 + j/150$、子系统 1 状态为 $i$ 时维护成本 $c_i^{M1} = 1000 + 100 \cdot i^{1.6}$，子系统 2 状态为 $j$ 时维护成本 $c_j^{M2} = 1100 + 100 \cdot j^{1.6}$，$i, j \in \{0, 1, 2, \cdots, 9\}$。该企业的其他各项数据如表 5－1 与表 5－2 所示。

表 5－1　算例部分参数 1

| 项　　目 | 单　　位 | 数　　量 |
|---|---|---|
| 生产周期数量 $K$ | 个 | 12 |
| 生产计划期长度 $H$ | 天 | 365 |
| 制造系统名义生产率 $\rho$ | 件/天 | 1200 |
| 单位生产批量 $Q$ | 件 | 250 |
| 第一阶段生产子系统劣化概率 $\alpha$ | | 0.1 |
| 第一阶段产品合格品率衰减率 $\xi$ | | 0.2 |
| 第二阶段生产子系统劣化概率 $\beta$ | | 0.1 |
| 第二阶段产品合格品率衰减率 $\zeta$ | | 0.2 |
| 单位产品生产成本 $c^P$ | 元/件 | 350 |
| 系统单次启动成本 $c^{SU}$ | 元/次 | 5000 |
| 单位不合格产品质量成本 $c^{UP}$ | 元/件 | 30 |
| 产品库存成本 $c^I$ | 元/(件·天) | 20 |
| 产品缺货成本 $c^B$ | 元/(件·天) | 60 |
| 单位产品出厂价 $\zeta$ | 元/件 | 750 |
| 初始广义库存 $\Delta_0$ | 件 | 0 |

表 5 - 2　算例部分参数 2

| $k$ | $h_k$ | $D_k$ |
|---|---|---|
| 1 | 31 | 7750 |
| 2 | 28 | 5880 |
| 3 | 31 | 5270 |
| 4 | 30 | 6000 |
| 5 | 31 | 7130 |
| 6 | 30 | 7500 |
| 7 | 31 | 8990 |
| 8 | 31 | 9610 |
| 9 | 30 | 10200 |
| 10 | 31 | 9610 |
| 11 | 30 | 8400 |
| 12 | 31 | 8060 |

　　由于本算例要计算一个自然年里每个月系统两次维护间隔内生产的批量数 $U_k$、系统被维护的次数 $G_k$、系统空闲时间 $O_k$（$k = 1$，2，…，12），因此本算例共有 36 个决策变量，这 36 个决策变量既决定了生产计划，也决定了维护计划。

## 5.5.1　计算结果

　　根据已给定的各参数，用 MATLAB 计算得到如下结果：企业单位时间毛利润为 336887.44 元/天，单位时间收入为 504692.24 元/天，单位时间成本为 167804.80 元/天。使用本书模型可以得到每个生产周期内两次维护间隔内最优生产批量数、每个生产周期内最优维护次数、每个周期内系统空闲时长，每个周期内各个参数是不同的，具体生产维护计划如表 5 - 3、表 5 - 4、表 5 - 5 所示。

　　在表 5 - 3 中可发现针对不失效二级劣化制造系统，由本书给出的维护策略优化模型计算得到的维护计划能使系统较好地满足市场随机需求，即使在波动水平达到 100% 的情况下企业的服务水平仍然达到了 94% 以上。此外，查看生产维护计划还可发现,系统单次最大生产批量为 5,最小为 2,平均为 3.25,平均每个周期要维护 5.25 次,平均每个周期系统的空闲时间接近一天半。

表 5 – 3　最优生产与预防维护计划及其运营水平

| $k$ | $U_k$ | $G_k$ | $O_k$ | 系统利用率(%) | 服务水平(%) |
|---|---|---|---|---|---|
| 1 | 5 | 4 | 1.93 | 90.45 | 89.24 |
| 2 | 3 | 6 | 2.04 | 87.68 | 92.31 |
| 3 | 3 | 5 | 1.06 | 92.77 | 100.00 |
| 4 | 2 | 6 | 1.83 | 89.43 | 100.00 |
| 5 | 4 | 4 | 2.19 | 89.77 | 91.51 |
| 6 | 2 | 6 | 2.30 | 87.87 | 84.26 |
| 7 | 3 | 5 | 1.81 | 90.35 | 95.39 |
| 8 | 4 | 4 | 0.72 | 94.52 | 100.00 |
| 9 | 3 | 6 | 0.24 | 94.50 | 94.10 |
| 10 | 5 | 4 | 1.52 | 91.77 | 100.00 |
| 11 | 3 | 6 | 0.71 | 92.93 | 87.31 |
| 12 | 2 | 7 | 0.83 | 92.26 | 95.20 |
| 平均 | 3.25 | 5.25 | 1.43 | 91.19 | 94.11 |

表 5 – 4 分别列出了各生产周期第一阶段产品合格品率、最终产品合格品率、第一阶段维护花费时长及第二阶段维护花费时长。研究该表发现,制成品的合格品率总是低于半成品的合格品率,这是由于产品的质量问题会积累。此外,我们还发现,维护第一阶段与第二阶段生产子系统所花费的时间很接近,但由于子系统的特殊特性,第二阶段维护花费时长总是比第一阶段维护花费时长要短。

表 5 – 4　各阶段产品合格品率及维护花费时长

| $k$ | 第一阶段产品合格品率(%) | 最终产品合格品率(%) | 第一阶段维护花费时长(天) | 第二阶段维护花费时长(天) |
|---|---|---|---|---|
| 1 | 93.57 | 84.20 | 0.98 | 0.95 |
| 2 | 89.37 | 84.00 | 1.61 | 1.49 |
| 3 | 91.47 | 85.97 | 1.28 | 1.21 |

续表

| $k$ | 第一阶段产品合格品率（%） | 最终产品合格品率（%） | 第一阶段维护花费时长（天） | 第二阶段维护花费时长（天） |
|---|---|---|---|---|
| 4 | 93.57 | 87.95 | 1.48 | 1.41 |
| 5 | 89.37 | 84.00 | 1.07 | 1.01 |
| 6 | 87.27 | 78.53 | 1.67 | 1.55 |
| 7 | 89.37 | 80.42 | 1.34 | 1.26 |
| 8 | 89.37 | 78.64 | 1.07 | 1.01 |
| 9 | 87.27 | 78.53 | 1.67 | 1.55 |
| 10 | 85.17 | 76.64 | 1.16 | 1.06 |
| 11 | 91.47 | 87.80 | 1.54 | 1.45 |
| 12 | 93.57 | 82.33 | 1.72 | 1.67 |
| 平均 | 90.07 | 82.4175 | 1.38 | 1.30 |

从表 5-5 中的结果可以看出，该制造商的主要成本来自生产成本，超过 80%，其次是维护成本，占比达到 15.20%，启动成本、质量成本、库存成本及缺货成本所占比重很小。将本章研究对象——不随机失效的二级劣化制造系统的各类型运营成本的占比与第 3 章研究的不随机失效的单级劣化制造系统的各类型运营成本的占比比较，可以发现：二者的生产成本依然是占主要部分，但单级劣化制造系统运营成本中的库存成本较高，而对于多级劣化制造系统而言，维护成本较高。这可能是由于相对单级劣化制造系统，多级劣化制造系统的总成本有一定的增长。

### 表 5-5　各项成本及其占比比较

| 项目 | 成本（元） | 本章模型中各项成本占比（%） | 第 3 章模型中各项成本占比（%） |
|---|---|---|---|
| $CP$ | 62198423.69 | 83.98 | 87.61 |
| $CM$ | 11253953.71 | 15.20 | 0.41 |
| $CSU$ | 380000.00 | 0.51 | 0.61 |
| $CUP$ | 136584.21 | 0.18 | 3.20 |
| $CI$ | 5125.32 | 0.01 | 6.82 |
| $CB$ | 85413.28 | 0.12 | 1.36 |

### 5.5.2 敏感度分析

分别组合 $\alpha$, $\beta$ = {0.08，0.09，0.10，0.11，0.12}，计算得到一个类似瓦片的曲面图（见图5-4）。分析图5-4发现：①无论 $\alpha$ 还是 $\beta$，其微小变化都对企业的单位时间毛利润有较大影响，呈现一定的"蝴蝶效应"现象。这说明，无论是第一阶段生产子系统的劣化概率还是第二阶段生产子系统的劣化概率都对毛利润有较大影响。②无论 $\alpha$ 还是 $\beta$ 的增长对企业单位时间毛利润的影响都是逐渐减少的，即当二者很小时，二者的微小变化对企业的单位时间毛利润的影响更大。因此，该类型企业管理者要分别关注第一阶段子系统的劣化情况和第二阶段子系统的劣化情况，使二者均保持在一个较低的水平，避免因劣化情况的变化对企业的毛利润产生较大影响。

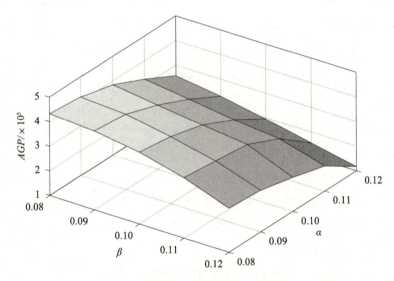

**图5-4 $\alpha$, $\beta$ 对单位时间毛利润 $AGP$ 的影响（斜视图）**

固定 $\alpha$, $\beta$ 其中的一个，使另一个在集合 {0.08，0.09，0.10，0.11，0.12} 各元素间变化，得到一簇曲线（见图5-5）。分析图5-5发现 $\alpha$ 变化时的曲线普遍比另一个更加陡峭，即第一阶段子系统的劣化概率 $\alpha$ 比第二阶段子系统的劣化概率 $\beta$ 对企业最终毛利润的影响更大。那么作为企业管理人员，当有资金约束或其他物力人力约束时，应优先保障第一阶段生产子系统劣化维持在一个较低的水平。

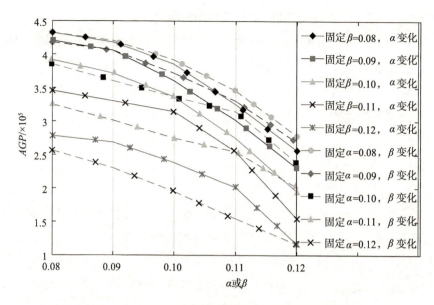

图 5-5　$\alpha$，$\beta$ 对单位时间毛利润 AGP 的影响（截面图）

## 5.6　管理启示

本章首先分析了多级渐变式马尔可夫劣化模式下制造系统的生产维护决策问题，建立了相应的决策优化模型，并开发了求解算法，最后经过算例计算及部分参数的敏感度分析，得到了一些有意义的结论。具体可以归纳出以下三条管理启示。

启示一：本章提出的针对多级渐变式劣化制造系统的生产维护决策模型及其求解算法对于一般的多级制造系统的维护决策问题是实用且有效的，依照本章模型计算得到的最优化维护策略能够使企业制订较为合理的生产维护计划。此外，该模型鲁棒性较强，即使在产品随机市场需求波动很大的情况下该模型也能使企业较好地满足产品随机市场需求，也使企业具有充分的柔性。

启示二：对于多级制造系统，工艺流程的开始阶段比工艺流程后续阶段的系统劣化对运营的影响更大（如本章问题的一级比二级更大）。这种系统劣化的严重度会随着工艺流程的进程而恶化的现象，导致企业利润下降，需要引起企业管理者注意。要提高企业盈利水平，企业一方面要维持每一个阶段的系统可靠性，减少劣化发生；另一方面，要注意控制工艺流程早期阶段的劣化产生。

启示三：若是人力物力的条件有一定的约束，企业管理人员应优先保证上游子系统的状态处在一个良好的水平，其劣化维持在一个较低的水平，减少每一级子制造系统不合格品的产出。因为尽管每一阶段子系统的劣化对企业最终的运营效果有较大的影响，但上游子系统对整体的影响更大。

## 5.7 本章小结

本章首先分析了使用多级突发性失效劣化制造系统的企业面临的现实问题及已有研究的不足，其次依托马尔可夫链模型建立了相应的决策模型，并开发了求解算法。最后应用算例验证了算法的有效性，并分析部分参数得到了一些管理启示。具体说来，本书在分析多级渐变式马尔可夫劣化模式下制造系统生产维护决策问题的基础上，提出了相应的生产维护策略。在该策略中，企业管理人员人为规定一个生产批量数阈值，一旦该阈值数量的生产批量的产品生产完成，企业便组织人员对所有阶段制造系统进行维护。相比上一章内容，本章虽然未考虑系统的随机失效，但研究对象为多级制造系统。在此背景下，为找到最优维护策略，本章逐个分析了制造系统生产及维护时间、系统生产成本、系统维护成本、系统启动成本、质量成本、库存成本与缺货成本以及收益，建立了企业毛利润最大化模型，经过计算，给出了该策略中最优的系统维护批量数阈值。研究结果表明：本章提出的模型对于不随机失效的多级劣化制造系统的维护策略及其优化模型是实用且有效的。该策略及其优化模型鲁棒性较好，通过该模型得到的维护计划能使这类型多级制造系统具有充分的柔性。此外，企业管理者要控制制造系统的劣化速度，特别是上游制造系统的劣化速度。

# 第6章 多级突发性失效马尔可夫 劣化模式下的生产维护决策

## 6.1 引言

本书第4章讨论了随机失效的单级劣化制造系统的生产维护决策问题。本章在此基础上进行扩展,考察随机失效多级劣化制造系统的生产维护决策问题。相比于第5章研究的不随机失效情境,本章考察的随机失效制造系统更加复杂多变。在工业界有很多这样的串联制造系统,其任意一个子系统失效停机都会引起整个系统停机。

虽然已经有学者针对多级制造系统做了一些与生产维护相关的研究,结合质量控制或者库存控制等进行研究,但是总的来说,相较于单级生产系统,研究多级生产系统的生产维护决策文献比较少。而且,很少有学者站在企业管理者的角度多方面考虑生产维护计划与生产库存、质量控制等问题。基于文献研究不足,本章通过应用半马尔可夫链模型模拟多级劣化制造系统劣化过程,建立综合考虑与生产维护相关的生产库存和质量控制成本因素的生产维护决策模型,找到该类型制造系统的最佳生产维护计划,并分析部分参数敏感性,给出管理启示。

## 6.2 问题描述、模型假设及符号说明

### 6.2.1 问题描述

本章综合了第4章与第5章研究内容,研究的是多级突发性失效制造系统

的生产维护策略问题。对于这类型制造系统而言,不合理的生产维护决策给企业生产经营带来的问题也是多方面的。首先,若制造系统维护不足,其运行状态恶化,产品合格品率变低,产生大量不合格品,造成人力物力浪费,提高了企业运营成本。其次,制造系统维护频率过低或维护不足会使这类型制造系统面临更大的停机风险,打乱生产节奏,使企业延迟交货风险提高。最后,若制造系统维护过度,会造成制造系统频繁停机及部分产能及维护资源的浪费,同样会提高企业运营成本。而且对于多级制造系统而言,生产维护不平衡的问题给企业带来的损失会更多。因此,找到一种合理有效的维护策略,实现生产作业与维护作业的平衡对企业保持良好运营状态至关重要。

为应对该类型制造系统面临的问题,本章提出一种生产维护策略——对于生产计划期内的任一个生产周期,企业管理人员综合考察订单情况、制造系统产能、各级制造系统劣化速率、各级制造系统失效概率及各级产品合格品率衰减情况,为每一个生产子系统状态设定一个预防维护时制造系统状态阈值,任意一级子制造系统的状态达到其规定的阈值便开始对整个系统进行预防维护,完成预防维护后立即恢复生产,若中途出现突发性失效的情况(无论是哪一级生产子系统失效引起的),则立即组织事后维修恢复生产,整个过程循环往复,直至生产任务完成,如图 6-1 所示。

### 6.2.2 模型假设

本章模型推导建立在以下假设的基础上:①制造系统的劣化是不可逆的,其状态变化为一个半马尔可夫过程;②产品质量水平随制造系统的劣化而衰减。

### 6.2.3 符号说明

此外,在模型建立过程中,还会使用到其他变量,具体如下:

$K$ 生产周期数量

$h_k$ 第 $k$ 个生产周期长度 $(k=1,2,\cdots,K)$

$H$ 生产计划期长度

$d_k$ 第 $k$ 个生产周期内产品平均需求率 $(k=1,2,\cdots,K)$

$\rho$ 制造系统名义生产率

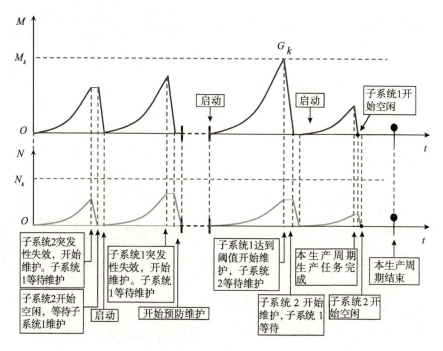

**图6-1 以状态为阈值的二级突发性失效制造系统生产维护计划**

$Q$ 单位生产批量

$\alpha$ 第一阶段生产子系统劣化概率

$\gamma$ 第一阶段子系统失效概率

$\xi$ 第一阶段产品合格品率衰减率

$\eta_0$ 第一阶段生产子系统状态为 0 时的产品合格品率

$\eta_i$ 第一阶段生产子系统状态为 $i$ 时的产品合格品率，$\eta_i = \eta_{i-1}(1-\xi)$

$\beta$ 第二阶段生产子系统劣化概率

$\delta$ 第二阶段子系统失效概率

$\zeta$ 第二阶段产品合格品率衰减率

$\mu_0$ 第二阶段生产子系统状态为 0 时的产品合格品率

$\mu_i$ 第二阶段生产子系统状态为 $i$ 时的产品合格品率，$\mu_i = \mu_{i-1}(1-\zeta)$

$\phi_i$ 第一阶段生产子系统状态为 $i$ 时的维护时间

$\varphi_i$ 第二阶段生产子系统状态为 $i$ 时的维护时间

$\tau_{ij}$ 第一阶段生产子系统状态为 $i$，第二阶段生产子系统状态为 $j$ 时的维护

　　时间

$c^P$　单位产品生产成本

$c_i^{M1}$　第一阶段生产子系统状态为 $i$ 时的维护成本

$c_i^{M2}$　第二阶段生产子系统状态为 $i$ 时的维护成本

$c^{SU}$　系统单次启动成本

$c^{UP}$　单位不合格产品质量成本

$c^I$　产品库存成本

$c^B$　产品缺货成本

$\zeta$　单位产品出厂价

本章试图通过建立不失效二阶段制造系统毛利润最大化模型来得到最优系统维护状态阈值及最优生产维护计划。因此，本章的决策变量共有四个，具体如下：

$M_k$　第 $k$ 个生产周期内第一阶段生产子系统维护状态阈值（$k=1, 2, \cdots, K$）

$N_k$　第 $k$ 个生产周期内第二阶段生产子系统维护状态阈值（$k=1, 2, \cdots, K$）

$G_k$　第 $k$ 个生产周期内系统被维护的次数（$k=1, 2, \cdots, K$）

$O_k$　第 $k$ 个生产周期内系统空闲时间（$k=1, 2, \cdots, K$）

# 6.3　模型建立

## 6.3.1　马尔可夫更新过程与半马尔可夫过程

**定义 6.1**　设随机变量 $Y_n$ 的取值空间为 $S=\{0, 1, 2, \cdots\}$，而随机变量 $T_n$ 的取值空间为 $\{0, \infty\}$，$n=0, 1, 2, \cdots$，其中 $0=T_0 \leqslant T_1 \leqslant T_2 \leqslant \cdots$。如果对所有 $n=0, 1, 2, \cdots$，$i \in S$，$t \geqslant 0$ 都有：

$$P\{Y_{n+1}=i, T_{n+1}-T_n \leqslant t | Y_0, Y_1, \cdots, Y_n, T_0, T_1, \cdots, T_n\}$$

$$=P\{Y_{n+1}=i, T_{n+1}-T_n \leqslant t | Y_n\}$$

则称随机过程 $\{(Y_n, T_n), n=0, 1, 2, \cdots\}$ 为状态空间 $S$ 上的马尔可夫更新过程，其中 $T_n$（$n=0, 1, 2, \cdots$）为该过程的更新点。

**定义 6.2**　设 $\{(Y_n, T_n), n=0, 1, 2, \cdots\}$ 为状态空间 $S=\{0, 1,$

2，…} 上的马尔可夫更新过程，令

$$X_t = \begin{cases} Y_n, & T_n \leqslant t \leqslant T_{n+1} \\ \infty, & t \geqslant \sup T_n \end{cases}$$

则称 $\{X_t, t \geqslant 0\}$ 为由 $\{(Y_n, T_n), n = 0, 1, 2, \cdots\}$ 产生的状态空间 $S$ 上的（最小）半马尔可夫过程。

**定义 6.3**　设半马尔可夫过程 $\{X_t, t \in T\}$ 的状态空间为 $S$，如果其参数集 $T$ 与状态空间 $S$ 均是离散的，则称 $\{X_t, t \in T\}$ 为半马尔可夫链。

## 6.3.2　二级突发性失效制造系统的半马尔可夫链模型

该系统作为一个串联的二阶段制造系统（见图 6-2），可以被分成两个子系统，第一阶段制造系统为子系统 1，第二阶段制造系统为子系统 2。子系统 1 的状态空间为 $\{0, 1, \cdots, M+1\}$，其中 $0, 1, \cdots, M$ 为生产状态，$M+1$ 为失效维护状态。子系统 2 的状态空间为 $\{0, 1, \cdots, N+1\}$，其中 $0, 1, \cdots$，$N$ 为生产状态，$N+1$ 为失效维护状态，如图 6-2 所示。将第一级制造系统与第二级制造系统的状态任意组合，就形成一个二维状态，进而得到一个二维状态空间

$$S = \{(i,j) \mid i = 0,1,\cdots,M+1; j = 0,1,\cdots,N+1; i+j < M+N+2\}$$

$$= \begin{cases} 0,0 & 0,1 & \cdots & 0,N & 0,N+1 \\ 1,0 & 1,1 & \cdots & 1,N & 1,N+1 \\ \vdots & \vdots & & \vdots & \vdots \\ M,0 & M,1 & \cdots & M,N & M,N+1 \\ M+1,0 & M+1,1 & \cdots & M+1,N & M+1,N+1 \end{cases} \tag{6-1}$$

其中，该二维状态空间又可以分为两类，其中定义 $S^W = \{(i, j) \mid i, j = 0, 1, \cdots, N\}$ 为系统工作状态集，$S^M = S - S^W$ 为系统故障维护状态集，即系统一旦劣化至 $S^M$ 便开始组织维护。

根据该系统的特性，可以假设该系统的劣化过程是一个半马尔可夫过程，定义 $\tau_{ij}$ 为系统在状态 $(i, j)$ 上花费时间的均值，$(i, j) \in S^W$。定义第一阶段子系统处于状态 $i$ 时的产品合格品率为 $\eta_i$，定义第二阶段子系统处于状态 $j$ 时的产品合格品率为 $\mu_j$。

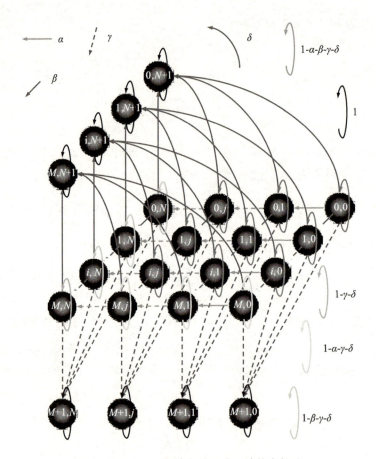

图 6 - 2 二级突发性失效制造系统状态转移

### 6.3.3 各状态访问次数计算

在本节的模型中，系统在各个状态上停留的时间是已知的，只需要知道各个状态的访问次数。系统转移到状态 $(i, j)(\in S^W)$ 可能有两种情况——由其他状态转移到状态 $(i, j)$ 和由状态 $(i, j)$ 转移到本身。$S^M$ 为吸收状态集，系统转移到状态 $(i, j)(\in S^M)$ 只能是由其他状态转移到该状态。由于状态 $S^W$ 中各个状态面临的情况不全是相同的，所以下面针对不同类型状态分情况讨论。状态转移图如图 6 - 2 所示。

记状态 $(i, j)(\in S)$ 访问次数为 $v_{ij}$。状态集 $\{(0, j)|j = 1, 2, \cdots, N - 1\}$ 中的状态 $(0, j)$ 被访问的来源有两个——来自其本身和它上一个状态

$(0, j-1)$，故该状态的访问次数 $v_{0,j}$ 可以表示为

$$v_{0,j} = \alpha v_{0,j-1} + (1 - \alpha - \beta - \gamma - \delta) v_{0,j} \qquad (6-2)$$

移项及合并同类项之后进一步简化可以得到 $v_{0,j}$ 与 $v_{0,j-1}$ 的关系，即

$$v_{0,j} = \frac{\alpha}{\alpha + \beta + \gamma + \delta} v_{0,j-1} \qquad (6-3)$$

同样地，状态 $(0, N)$ 的访问次数 $v_{0,N}$ 可以表示为

$$v_{0,N} = \alpha v_{0,N-1} + (1 - \beta - \gamma - \delta) v_{0,N} \qquad (6-4)$$

进一步简化后，有

$$v_{0,N} = \frac{\alpha}{\beta + \gamma + \delta} v_{0,N-1} \qquad (6-5)$$

状态集 $\{(i, 0) | i = 1, 2, \cdots, M-1\}$ 中的状态 $(i, 0)$ 的访问次数 $v_{i,0}$ 也可以用其本身访问次数 $v_{i,0}$ 与上一状态的访问次数 $v_{i-1,0}$ 来表示

$$v_{i,0} = \beta v_{i-1,0} + (1 - \alpha - \beta - \gamma - \delta) v_{i,0} \qquad (6-6)$$

进一步化简后，有

$$v_{i,0} = \frac{\beta}{\alpha + \beta + \gamma + \delta} v_{i-1,0} \qquad (6-7)$$

状态 $(M, 0)$ 的访问次数 $v_{M,0}$ 可以表示为

$$v_{M,0} = \beta v_{M-1,0} + (1 - \alpha - \gamma - \delta) v_{M,0} \qquad (6-8)$$

进一步简化后，有

$$v_{M,0} = \frac{\beta}{\alpha + \gamma + \delta} v_{M-1,0} \qquad (6-9)$$

状态集 $\{(i, j) | i = 1, 2, \cdots, M-1; j = 1, 2, \cdots, N-1\}$ 中的状态的访问次数 $v_{ij}$ 可以表示为

$$v_{ij} = \alpha v_{i,j-1} + \beta v_{i-1,j} + (1 - \alpha - \beta - \gamma - \delta) v_{ij} \qquad (6-10)$$

进一步简化后，有

$$v_{ij} = \frac{\alpha}{\alpha + \beta + \gamma + \delta} v_{i,j-1} + \frac{\beta}{\alpha + \beta + \gamma + \delta} v_{i-1,j} \qquad (6-11)$$

状态 $(M, j)$ $(j = 1, 2, \cdots, N-1)$ 的访问次数 $v_{M,j}$ 可以表示为

$$v_{M,j} = \alpha v_{M,j-1} + \beta v_{M-1,j} + (1 - \beta - \gamma - \delta) v_{M,j} \qquad (6-12)$$

化简后得到

$$v_{M,j} = \frac{\alpha}{\beta + \gamma + \delta} v_{M,j-1} + \frac{\beta}{\beta + \gamma + \delta} v_{M-1,j} \qquad (6-13)$$

状态 $(i, N)$ $(i = 1, 2, \cdots, M-1)$ 的访问次数 $v_{i,N}$ 可以表示为

$$v_{i,N} = \alpha v_{i,N-1} + \beta v_{i-1,N} + (1 - \alpha - \gamma - \delta) v_{i,N} \qquad (6-14)$$

化简后得到

$$v_{i,N} = \frac{\alpha}{\alpha + \gamma + \delta} v_{i,N-1} + \frac{\beta}{\alpha + \gamma + \delta} v_{i-1,N} \qquad (6-15)$$

状态 $(M, N)$ 的访问次数 $v_{M,N}$ 可以表示为

$$v_{M,N} = \alpha v_{M-1,N} + \beta v_{M,N-1} + (1 - \gamma - \delta) v_{M,N} \qquad (6-16)$$

化简后得到

$$v_{M,N} = \frac{\alpha}{\gamma + \delta} v_{M-1,N} + \frac{\beta}{\gamma + \delta} v_{M,N-1} \qquad (6-17)$$

由状态转移图及吸收状态的性质属性可知吸收状态空间 $\{(M+1, j) | j = 1,$ $2, \cdots, N\}$、$\{(i, N+1) | i = 1, 2, \cdots, M\}$ 中的所有状态的访问量都来自其他状态。那么，对于状态 $(M+1, j)$ 与 $(N+1, j)$ 分别有

$$v_{M+1,j} = \gamma \sum_{i=0}^{M} v_{ij} \qquad (6-18)$$

$$v_{i,N+1} = \delta \sum_{j=0}^{N} v_{ij} \qquad (6-19)$$

此外根据吸收状态的定义，吸收状态空间 $S^M$ 中的所有状态都不会再转移出去，因此它们的访问次数之和为 1，即

$$\sum_{j=0}^{N} v_{M+1,j} + \sum_{i=0}^{M} v_{i,N+1} = 1 \qquad (6-20)$$

通过不断迭代，对任意的 $(i, j) \in S$，$v_{ij}$ 都可以表示成 $v_{0,0}$，那么通过式 (6-20) 便会得到 $v_{0,0}$ 的值，进而求得所有 $v_{ij}$，$(i, j) \in S^W$。

### 6.3.4　运行时间、运行成本及毛利润分析

在计算设备运行成本及毛利润之前首先应该计算出系统运行的时间参数。经过上一小节的计算，已经知道了系统访问 $S^W$ 中每一个状态的次数 $v_{ij}$。一般来讲，我们可以通过企业历史数据得到系统在 $(i, j) \in S^W$ 上停留的平均时间，记为 $\tau_{ij}$。在此基础上需要找到系统单次连续运行时间。

**命题 6.1**　若系统在状态 $(i, j)$ $(\in S^W)$ 上一次停留的时间为 $\tau_{ij}$，系统

访问 $(i, j)$ 的次数期望为 $v_{ij}$，则系统单次连续运行时间可以表示为

$$\sum_{j=0}^{N} \sum_{i=0}^{M} v_{ij} \tau_{ij}。$$

**证明：** 因为系统在状态 $(i, j) \in S^W$ 上一次停留的时间期望为 $\tau_{ij}$，系统访问 $(i, j) \in S$ 的次数期望为 $v_{ij}$，那么系统总共在状态 $(i, j)$ 上停留的时间期望为 $v_{ij} \tau_{ij}$，那么系统在工作状态集 $S^W = \{(i, j) \mid i, j = 0, 1, \cdots, N\}$ 中的所有状态停留的时间集合为 $\sum_{j=0}^{N} \sum_{i=0}^{M} v_{ij} \tau_{ij}$。

**命题 6.2** 若子系统 1 在状态为 $i$ 时进行维护的维护时间为 $\phi_i$，若子系统 2 在状态为 $j$ 时进行维护的维护时间为 $\varphi_j$，其中 $(i, j) \in S^M$，则系统被维护时间的期望是 $\sum_{j=0}^{N} v_{M+1,j}(\phi_{M+1} + \varphi_j) + \sum_{i=0}^{M} v_{i,N+1}(\phi_i + \varphi_{N+1})$。

**证明：** 若整个系统停止运转是由子系统 1 失效引起的，即失效时系统的状态为 $(M+1, j)$ $(j = 1, 2, \cdots, N)$，系统访问状态 $(M+1, j)$ 的次数期望为 $v_{M+1,j}$，那么由子系统 1 失效引起的维护时间为 $\sum_{j=0}^{N} v_{M+1,j}(\phi_{M+1} + \varphi_j)$。同样地，若整个系统停止运转是由子系统 2 失效引起的，即失效时系统的状态为 $(i, N+1)$ $(i = 1, 2, \cdots, M)$，系统访问状态 $(i, N+1)$ 的次数期望为 $v_{i,N+1}$，那么由子系统 2 失效引起的维护时间为 $\sum_{i=0}^{M} v_{i,N+1}(\phi_i + \varphi_{N+1})$。所以，系统所有维护花费的时间为 $\sum_{j=0}^{N} v_{M+1,j}(\phi_{M+1} + \varphi_j) + \sum_{i=0}^{M} v_{i,N+1}(\phi_i + \varphi_{N+1})$。

**命题 6.3** 若子系统 1 在状态为 $i$ 时进行维护的维护成本为 $c_i^{M1}$，若子系统 2 在状态为 $j$ 时进行维护的维护成本为 $c_j^{M2}$，其中 $(i, j) \in S^M$，则系统单次被维护的成本期望是 $\sum_{i=0}^{M} (c_i^{M1} + c_{N+1}^{M2}) v_{i,N+1} + \sum_{j=0}^{N} (c_{M+1}^{M1} + c_j^{M2}) v_{M+1,j}$。

**证明：** 若整个系统停止运转是由子系统 1 失效引起的，即失效时系统的状态为 $(M+1, j)$ $(j = 1, 2, \cdots, N)$，系统访问状态 $(M+1, j)$ 的次数期望为 $v_{M+1,j}$，那么由子系统 1 失效引起的维护成本为 $\sum_{j=0}^{N} (c_i^{M1} + c_{N+1}^{M2}) v_{M+1,j}$。同样地，若整个系统停止运转是由子系统 2 失效引起的，即失效时系统的状态为 $(i, N+$

1) $(i = 1, 2, \cdots, M)$，系统访问状态 $(i, N+1)$ 的次数期望为 $v_{i,N+1}$，那么由子系统 2 失效引起的维护成本为 $\sum_{i=0}^{M} (c_i^{M1} + c_{N+1}^{M2}) v_{i,N+1}$。所以系统所有维护花费的成本为 $\sum_{i=0}^{M} (c_i^{M1} + c_{N+1}^{M2}) v_{i,N+1} + \sum_{j=0}^{N} (c_{M+1}^{M1} + c_j^{M2}) v_{M+1,j}$。

一个生产计划期长度为 $H$，$H$ 分为 $K$ 个生产周期，第 $k$ 个生产周期的长度为 $h_k$，$H$ 与 $h_k$ 的关系为 $H = \sum_{k=1}^{K} h_k$。第 $k$ 个生产周期 $h_k$ 内系统被维护的次数为 $G_k$。$h_k$ 又分为三部分，设备运行时间 $T_k$、设备维护时间 $L_k$、设备空闲时间 $O_k$，即 $h_k = G_k \cdot (T_k + L_k) + O_k$。其中，$T_k > 0$，$L_k > 0$，$O_k \geqslant 0$；$k = 1, 2, \cdots, K$。在本书的研究背景下，第 $k$ 个生产周期的长度 $h_k$ 内子系统 1 的维护阈值为 $M_k$，第 $k$ 个生产周期的长度 $h_k$ 内子系统 2 的维护阈值为 $N_k$，那么由命题 6.1 可以得到第 $k$ 个生产周期的长度 $h_k$ 内设备运行时间 $T_k = \sum_{j=0}^{N_k} \sum_{i=0}^{M_k} v_{ij} \tau_{ij}$，若系统被维护时的状态为 $(i, j)$，那么总有 $(i, j) \in S^M$，又系统访问 $(i, j) \in S^M$ 的次数期望为 $v_{ij}$，那么由命题 6.2 可以得到第 $k$ 个生产周期的长度 $h_k$ 内设备维护时间 $L_k = \sum_{i=0}^{M_k} v_{i,N_k+1} \phi_i + \sum_{j=0}^{N_k} v_{M_k+1,j} \varphi_j$。

**命题 6.4** 若第一阶段生产子系统状态为 0 时的产品合格品率为 $\eta_0$，第二阶段生产子系统状态为 0 时的产品合格品率为 $\mu_0$，第一阶段产品合格品率衰减率为 $\xi$，第二阶段产品合格品率衰减率为 $\zeta$，则第 $k$ 个生产周期的长度 $h_k$ 内每一个系统连续运行时间段内生产的合格品数量可以表示为 $\rho \eta_0 \mu_0 \sum_{j=0}^{N_k} \sum_{i=0}^{M_k} (1 - \xi)^i \cdot (1 - \zeta)^j v_{ij} \tau_{ij}$。

**证明：** 在状态 $(i, j) \in S^W$ 上第一阶段生产子系统状态为 $i$ 时的产品合格品率为 $\eta_j$，第二阶段生产子系统状态为 $j$ 时的产品合格品率为 $\mu_j$，由于各阶段合格品率是随着系统状态劣化而逐渐衰减的，故 $\eta_i = \eta_{i-1}(1 - \xi)$，$\mu_j = \mu_{j-1}(1 - \zeta)$。在分别已知第一阶段及第二阶段生产子系统状态为 0 时的产品合格品率 $\eta_0$、$\mu_0$ 的条件下，进一步可以得到 $\eta_i = \eta_0(1 - \xi)^i$，$\mu_j = \mu_0(1 - \zeta)^j$。又由于不合格品在串联系统中会不断积累，所以在状态 $(i, j) \in S^W$ 上最终产品的不合格品率为

$\eta_0\mu_0(1-\xi)^i\ (1-\zeta)^j$。更进一步的，在状态 $(i,\ j)\in S^W$ 上的合格品产量为 $\eta_0\mu_0\cdot$ $(1-\xi)^i\ (1-\zeta)^j v_{ij}\tau_{ij}$。又制造系统名义生产率为 $\rho$，那么第 $k$ 个生产周期的长度 $h_k$ 内每一个系统连续运行时间段内生产的合格品数量可以表示为

$$\rho\eta_0\mu_0 \sum_{j=0}^{N_k} \sum_{i=0}^{M_k} (1-\xi)^i (1-\zeta)^j v_{ij}\tau_{ij}$$

（1）生产成本 $CP$。企业组织生产活动，必须提供人力、物力支持引起生产成本，为了简化计算、优化结构，本书将各类成本综合成为生产成本。已知系统在 $h_k$ 内总产量为 $G_k\rho T_k$，单位产品生产成本为 $c^P$，那么生产计划期 $H$ 内生产成本 $CP$ 为

$$CP(\boldsymbol{M},\boldsymbol{N},\boldsymbol{G},\boldsymbol{O}) = c^P \sum_{k=1}^{K} G_k\rho T_k \qquad (6-21)$$

（2）维护成本 $CM$。已知第一阶段生产子系统状态为 $i$ 时的维护成本 $c_i^{M1}$ 及第二阶段生产子系统状态为 $i$ 时的维护成本 $c_i^{M2}$。由命题 6.3 可知，第 $k$ 个生产周期的长度 $h_k$ 内每一个子系统单次被维护的成本期望是 $\sum_{i=0}^{M_k}(c_i^{M1}+$ $c_{N_k+1}^{M2})v_{i,N_k+1} + \sum_{j=0}^{N_k}(c_{M_k+1}^{M1}+c_j^{M2})v_{M_k+1,j}$，又 $h_k$ 内共有 $G_k$ 次维护，那么生产计划期 $H$ 内的维护成本为

$$CM(\boldsymbol{M},\boldsymbol{N},\boldsymbol{G},\boldsymbol{O})$$

$$= \sum_{k=1}^{K} G_k \cdot \left[ \sum_{i=0}^{M_k} (c_i^{M1}+c_{N_k+1}^{M2})v_{i,N_k+1} + \sum_{j=0}^{N_k} (c_{M_k+1}^{M1}+c_j^{M2})v_{M_k+1,j} \right] \qquad (6-22)$$

（3）启动成本 $CSU$。系统在启动时会有人力物力的准备引起成本，越是复杂系统越不能忽略本部分成本。已知系统的单次启动成本为 $CSU$，系统在 $h_k$ 内共有 $G_k$ 次启动，那么生产计划期 $H$ 内的系统启动成本为

$$CSU(\boldsymbol{M},\boldsymbol{N},\boldsymbol{G},\boldsymbol{O}) = c^{SU} \sum_{k=1}^{K} G_k \qquad (6-23)$$

（4）质量成本 $CUP$。若已知第一阶段生产子系统状态为 0 时的产品合格品率 $\eta_0$、第二阶段生产子系统状态为 0 时的产品合格品率 $\mu_0$、第一阶段产品合格品率衰减率 $\xi$、第二阶段产品合格品率衰减率 $\zeta$、制造系统名义生产率 $\rho$、在 $h_k$ 内系统运行次数 $G_k$。根据命题 6.4 第 $k$ 个生产周期的长度 $h_k$ 内生产的合

格品数量为

$$QQP_k = G_k \rho \eta_0 \mu_0 \sum_{j=0}^{N_k} \sum_{i=0}^{M_k} (1 - \xi)^i (1 - \zeta)^j v_{ij} \tau_{ij} \qquad (6-24)$$

企业生产的不合格品无法被使用，且需要多余的工序进行处理，会产生质量成本。已知单位不合格品的质量成本为 $CUP$。系统在 $h_k$ 内生产的不合格品数量可以表示为总产量减去合格品数量 $QQP_k$，其中总产量为 $G_k \rho T_k$，则

$$QUP_k = G_k \rho T_k - QQP_k \qquad (6-25)$$

那么，生产计划期 $H$ 内质量成本为

$$CUP(\boldsymbol{M}, \boldsymbol{N}, \boldsymbol{G}, \boldsymbol{O}) = c^{UP} \sum_{k=1}^{K} QUP_k \qquad (6-26)$$

（5）库存成本 $CI$/缺货成本 $CB$。一般来讲，为简化计算可以将第 $k$ 个生产周期长度 $h_k$ 内的广义库存表示成第 $k$ 个生产周期 $h_k$ 内企业累积的合格品数量与累积需求的差。记第 $k$ 个生产周期内的产品需求为 $D_l$，记初始广义库存为 $\Delta_0$，$h_k$ 内的广义库存为 $\Delta_k$，那么

$$\Delta_k = \Delta_0 + \sum_{l=1}^{k} (QQP_l - D_l) \qquad (6-27)$$

当广义库存大于零时为绝对库存，记为 $I_k$，$I_k = \max\{\Delta_k, 0\}$。当广义库存小于零时为绝对缺货，记为 $B_k$，$B_k = \max\{-\Delta_k, 0\}$。记产品库存成本为 $c^I$，生产计划期长度 $H$ 内的库存成本为

$$CI(\boldsymbol{M}, \boldsymbol{N}, \boldsymbol{G}, \boldsymbol{O}) = c^I \sum_{k=1}^{K} I_k \qquad (6-28)$$

记产品缺货成本为 $c^B$，那么生产计划期长度 $H$ 内的缺货成本为

$$CB(\boldsymbol{M}, \boldsymbol{N}, \boldsymbol{G}, \boldsymbol{O}) = c^B \sum_{k=1}^{K} B_k \qquad (6-29)$$

（6）收益 $SR$。计算收益需分两种情况。第一种情况，当该周期广义库存为绝对库存时（也有可能库存刚好为零），产品数量能完全满足市场需求，此时的销售量即为上期未满足需求与当期需求之和，即 $B_{k-1} + h_k d_k$。第二种情况，当该周期广义库存表现为绝对缺货时，产品数量未能完全满足市场需求，此时的销售量即为上期库存与当期产量之和，即 $I_{k-1} + QQP_k$。若记单位产品出

厂价为 $\zeta$，那么生产计划期长度 $H$ 内的收益为

$$
SR(\boldsymbol{M},\boldsymbol{N},\boldsymbol{G},\boldsymbol{O}) = \begin{cases} \zeta \sum_{k=1}^{K} (B_{k-1} + D_k), \Delta_k \geqslant 0 \\[3mm] \zeta \sum_{k=1}^{K} (I_{k-1} + QQP_k), \Delta_k < 0 \end{cases} \tag{6-30}
$$

### 6.3.5　目标函数

本章的决策目标是企业利润最大化，我们设定了四个决策变量，分别为生产计划期 $H$ 中每个生产周期内第一阶段生产子系统维护状态阈值 $\boldsymbol{M}$、生产计划期 $H$ 中每个生产周期内第二阶段生产子系统维护状态阈值 $\boldsymbol{N}$、生产计划期 $H$ 中每个生产周期内系统被维护的次数 $\boldsymbol{G}$ 以及生产计划期 $H$ 中每个生产周期内系统空闲时间 $\boldsymbol{O}$。其中，$\boldsymbol{M} = (M_k)$，$\boldsymbol{N} = (N_k)$，$\boldsymbol{G} = (G_k)$，$\boldsymbol{O} = (O_k)$，$k = 1$，$2$，$\cdots$，$K$。企业管理人员要使企业利润最大化，需要综合考虑这四个变量的情况。本书以制造系统最大毛利润为优化目标。毛利润为收益 $SR$ 减去总成本，其中总成本由生产成本 $CP$、维护成本 $CM$、启动成本 $CSU$、质量成本 $CUP$、库存成本 $CI$ 及缺货成本 $CB$ 构成，基于前文分析推导过程可以得到单位时间毛利润最大化的目标函数：

$$
AGP(\boldsymbol{M},\boldsymbol{N},\boldsymbol{G},\boldsymbol{O}) = \frac{1}{H}\left[ SR - (CP + CM + CSU + CUP + CI + CB) \right] \tag{6-31}
$$

其中，

$$
\boldsymbol{h} = \boldsymbol{G} \otimes (\boldsymbol{T} + \boldsymbol{L}) + \boldsymbol{O} \tag{6-32}
$$
$$
(\boldsymbol{M} \in \boldsymbol{Z}^+,\ \boldsymbol{N} \in \boldsymbol{Z}^+,\ \boldsymbol{G} \in \boldsymbol{Z}^+,\ \boldsymbol{O} \in \boldsymbol{R}^+;\ \boldsymbol{T} > 0,\ \boldsymbol{L} \geqslant 0,\ \boldsymbol{O} \geqslant 0)
$$

显然，生产计划期 $H$ 内第一阶段生产子系统维护状态阈值 $\boldsymbol{M}$、第二阶段生产子系统维护状态阈值 $\boldsymbol{N}$ 与生产计划期 $H$ 内系统被维护的次数向量 $\boldsymbol{G}$ 为正整数变量，生产计划期 $H$ 内系统空闲时间向量 $\boldsymbol{O}$ 为正实数变量。此外，因为第 $k$ 个生产周期长度 $h_k$ 由系统运行时间 $T_k$、系统维护时间 $L_k$ 及系统空闲时间 $O_k$ 三部分组成，故 $h_k = G_k \cdot (T_k + L_k) + O_k$，写成向量形式就是 $\boldsymbol{h} = \boldsymbol{G} \otimes (\boldsymbol{T} + \boldsymbol{L}) + \boldsymbol{O}$，其中的各项变量都为正实数。

## 6.4　模型求解

经过以上模型推导过程可以看出，这是一个复杂的混合整数非线性优化问题。首先，它是一个混合整数非线性优化问题且决策变量多。其次，它是一个离散优化问题，有多重求和且某些约束非常复杂。因此对本问题的求解需要用到智能算法。由于遗传算法是一种较为成熟的智能算法，适应性强，因此本书使用遗传算法，具体求解步骤如下：

Step 1，设定算法终止条件，初始化各算例参数。

Step 2，计算状态 $(i, j) \in S$ 的访问次数 $v_{ij}$。

Step 3，初始产生若干条染色体，每条染色体上包含的信息为 ($M$, $N$, $G$, $O$)。

Step 4，对染色体进行交叉和变异操作。

Step 5，计算 $CP$、$CM$、$CSU$、$CUP$、$CI$、$CB$、$SR$：

Step 5.1，计算第 $k$ 个生产周期内合格品数量 $QQP_k$、第 $k$ 个生产周期内不合格品数量 $QUP_k$、第 $k$ 个生产周期内一个维护间隔期内设备的连续运行时间 $T_k$、第 $k$ 个生产周期内一个维护间隔期内设备维护时间 $L_k$；

Step 5.2，计算第 $k$ 个生产周期内生产成本 $CP_k$、第 $k$ 个生产周期内维护成本 $CM_k$、第 $k$ 个生产周期内启动成本 $CSU_k$、第 $k$ 个生产周期内质量成本 $CUP_k$；

Step 5.3，计算第 $k$ 个生产周期内广义库存 $\Delta_k$、第 $k$ 个生产周期内绝对库存 $I_k$、第 $k$ 个生产周期内绝对缺货 $B_k$；

Step 5.4，计算第 $k$ 个生产周期内库存成本 $CI_k$、第 $k$ 个生产周期内缺货成本 $CB_k$、第 $k$ 个生产周期内收益 $SR_k$。

Step 6，由 Step 4 结果计算每条染色体的适应度值：

Step 6.1，计算生产计划期内的总成本 $TC$、生产计划期内的总收益 $SR$、生产计划期内的总毛利润 $TGP$；

Step 6.2，计算生产计划期内的单位时间平均毛利润 $AGP$、罚函数的值。

Step 7，通过旋转赌轮，选择染色体。

Step 8，重复步骤 Step 3 至 Step 7，直到满足算法终止条件。

Step 9，取最好的染色体作为最优解。

## 6.5　算例模拟及分析

我们应用一个企业算例来说明本书理论的实用性及有效性。在该算例中，该企业的生产计划期为一个自然年，该计划期分为 12 个生产周期。根据该企业的历史数据，可以分别拟合出第一阶段生产子系统状态为 $i$ 时的产品合格品率 $\eta_i = 1 - 0.025 \ (i - 1)$、第二阶段生产子系统状态为 $j$ 时的产品合格品率 $\mu_j = 1 - 0.027 \ (j - 1)$、第一阶段生产子系统状态为 $i$ 时的维护时间 $\phi_i = 0.2 + \sqrt{i}/280 + i/100$、第二阶段生产子系统状态为 $j$ 时的维护时间 $\varphi_j = 0.2 + \sqrt{j}/220 + j/150$、第一阶段生产子系统状态为 $i$ 时的维护成本 $c_i^{M1} = 1000 + 100 \cdot i^{1.55}$、第二阶段生产子系统状态为 $j$ 时的维护成本 $c_j^{M2} = 1100 + 100 \cdot j^{1.62}$。该企业的各项数据如表 6 – 1 和表 6 – 2 所示。

表 6 – 1　算例部分参数 1

| 项　　目 | 单　位 | 数　量 |
|---|---|---|
| 生产周期数量 $K$ | 个 | 12 |
| 生产计划期长度 $H$ | 天 | 365 |
| 制造系统名义生产率 $\rho$ | 件/天 | 1200 |
| 单位生产批量 $Q$ | 件 | 250 |
| 单位产品生产成本 $CP$ | 元/件 | 350 |
| 系统单次启动成本 $CSU$ | 元/次 | 50000 |
| 单位不合格产品质量成本 $CUP$ | 元/件 | 30 |
| 产品库存成本 $c^I$ | 元/(件·天) | 20 |
| 产品缺货成本 $c^B$ | 元/(件·天) | 60 |
| 单位产品出厂价 $\zeta$ | 元/件 | 750 |
| 初始广义库存 $\Delta_0$ | 件 | 0 |

表 6 – 2　算例部分参数 2

| $k$ | $h_k$ | $D_k$ |
|---|---|---|
| 1 | 31 | 7750 |
| 2 | 28 | 5880 |

| $k$ | $h_k$ | $D_k$ |
|---|---|---|
| 3 | 31 | 5270 |
| 4 | 30 | 6000 |
| 5 | 31 | 7130 |
| 6 | 30 | 7500 |
| 7 | 31 | 8990 |
| 8 | 31 | 9610 |
| 9 | 30 | 10200 |
| 10 | 31 | 9610 |
| 11 | 30 | 8400 |
| 12 | 31 | 8060 |

在本节中，实际决策变量有 48 个，分别为第 $k$ 个生产周期内第一阶段生产子系统维护状态阈值 $M_k$、第 $k$ 个生产周期内第一阶段生产子系统维护状态阈值 $N_k$、第 $k$ 个生产周期内系统被维护次数 $G_k$、第 $k$ 个生产周期内系统空闲时间 $O_k$。其中，$k = 1, 2, \cdots, 12$。

### 6.5.1  计算结果

根据已给定的各参数得到结果为：企业单位时间毛利润为 317884.4 元/天，单位时间收入为 488291.04 元/天，单位时间成本为 170406.64 元/天。使用本书模型可以得到每个周期内第一个生产阶段最优预防维护设备状态阈值、每个周期内第二个生产阶段最优预防维护设备状态阈值、每个生产周期内最优维护次数、每个周期内系统空闲时长。具体生产维护计划如表 6 – 3、表 6 – 4、表 6 – 5 所示。在表 6 – 3 中发现，通过本书提出的质量控制与生产维护决策模型得到的生产维护计划能使系统在较好的状态下满足市场随机需求，即使在波动水平达到 100% 的情况下，也能使企业的综合服务水平超过 91%。第一阶段最优预防维护阈值最大为 8，最小为 4，平均为 5.67，第二阶段最优预防维护阈值最大为 7，最小为 3，平均为 5.25。

表6~3　最优生产与预防维护计划及其运营水平

| $k$ | $M_k$ | $N_k$ | $G_k$ | $O_k$ | 系统利用率（%） | 服务水平（%） |
|---|---|---|---|---|---|---|
| 1 | 4 | 6 | 5 | 1.36 | 92.45 | 79.31 |
| 2 | 6 | 4 | 7 | 1.17 | 90.07 | 83.24 |
| 3 | 5 | 4 | 5 | 1.29 | 91.71 | 100.00 |
| 4 | 4 | 4 | 7 | 0.95 | 91.90 | 100.00 |
| 5 | 6 | 4 | 5 | 0.89 | 93.68 | 87.21 |
| 6 | 7 | 6 | 6 | 0.98 | 91.17 | 84.26 |
| 7 | 6 | 6 | 5 | 1.11 | 91.94 | 95.39 |
| 8 | 6 | 7 | 5 | 1.26 | 92.35 | 97.62 |
| 9 | 7 | 6 | 6 | 0.98 | 91.17 | 94.10 |
| 10 | 8 | 6 | 3 | 1.45 | 91.58 | 100.00 |
| 11 | 5 | 3 | 7 | 0.53 | 93.10 | 87.31 |
| 12 | 4 | 7 | 6 | 1.46 | 89.97 | 95.20 |
| 平均 | 5.67 | 5.25 | 5.58 | 1.12 | 91.76 | 91.97 |

从表6-4中的结果可以看出，该制造系统最终产品的合格品率总是低于第一阶段子系统半成品合格品率，这一计算结果与现实是一致的，因为产品的质量问题是积累的，半成品有质量问题，那么最终制成品必然会因出现质量问题而成为不合格品。此外，由本决策模型做出的生产维护计划中，第一、第二阶段生产子系统的维护时间平均在一天多。

表6-4　各阶段产品合格品率及维护花费时长

| $k$ | 第一阶段产品合格品率（%） | 最终产品合格品率（%） | 第一阶段维护花费时长（天） | 第二阶段维护花费时长（天） |
|---|---|---|---|---|
| 1 | 87.94 | 80.87 | 1.03 | 0.97 |
| 2 | 93.94 | 90.14 | 1.41 | 1.37 |
| 3 | 93.94 | 90.14 | 1.18 | 1.14 |
| 4 | 96.94 | 94.96 | 1.34 | 1.31 |
| 5 | 90.94 | 85.45 | 0.93 | 1.07 |

| $k$ | 第一阶段产品<br>合格品率（%） | 最终产品<br>合格品率（%） | 第一阶段维护<br>花费时长（天） | 第二阶段维护<br>花费时长（天） |
|---|---|---|---|---|
| 6 | 96.94 | 94.96 | 1.34 | 1.31 |
| 7 | 93.94 | 90.14 | 1.18 | 1.14 |
| 8 | 90.94 | 85.45 | 1.04 | 0.84 |
| 9 | 93.94 | 90.14 | 1.41 | 1.37 |
| 10 | 87.94 | 80.87 | 1.03 | 0.97 |
| 11 | 93.94 | 90.14 | 1.41 | 1.37 |
| 12 | 96.94 | 94.96 | 1.57 | 1.53 |
| 平均 | 93.19 | 89.02 | 1.24 | 1.20 |

由表 6 - 5 不难看出，首先该制造商的八成以上成本来自生产成本，其次维护成本高达 15.07%。其他如启动成本、质量成本、库存成本和缺货成本所占比例很小。从表 6 - 5 还能发现，多级突发性失效制造系统的维护成本占比大幅升高，比多级渐变式劣化制造系统及单级突发性失效制造系统都要高很多。

**表 6 - 5　各项成本及其占比比较**

| 项目 | 成本（元） | 本章模型中<br>各项成本占比（%） | 第 5 章模型中<br>各项成本占比（%） | 第 4 章模型中<br>各项成本占比（%） |
|---|---|---|---|---|
| $CP$ | 62198423.69 | 83.30 | 87.61 | 95.40 |
| $CM$ | 11253953.71 | 15.07 | 0.41 | 1.88 |
| $CSU$ | 380000 | 0.51 | 0.61 | 0.51 |
| $CUP$ | 746584.21 | 1.00 | 3.20 | 0.14 |
| $CI$ | 5125.32 | 0.01 | 6.82 | 2.06 |
| $CB$ | 85413.28 | 0.11 | 1.36 | 0.01 |

### 6.5.2　敏感度分析

1. 第一、第二阶段生产子系统劣化概率 $\alpha$、$\beta$ 敏感度分析

为了分析第一、第二阶段生产子系统劣化概率 $\alpha$，$\beta$ 的敏感性，分别使二

者在空间 $\{0.08, 0.09, 0.10, 0.11, 0.12\}$ 中各元素间变化，计算得到一个
类似瓦片的曲面图（见图 6-3）。分析图 6-3 发现：①无论 $\alpha$ 还是 $\beta$，其微小
变化都对企业的单位时间毛利润有较大影响，呈现一定的"蝴蝶效应"现象。
这说明，不论是第一阶段生产子系统的劣化概率还是第二阶段生产子系统的劣
化概率都对毛利润有较大影响。②无论是 $\alpha$ 还是 $\beta$ 的增长对企业单位时间毛利
润的影响都是逐渐减少的，即当二者很小时，二者的微小变化对企业单位时间
毛利润的影响更大。因此，该类型企业管理者要分别关注第一阶段子系统的劣
化情况和第二阶段子系统的劣化情况，使二者均保持在一个较低的水平，避免
因劣化情况的变化对企业的毛利润产生较大影响。

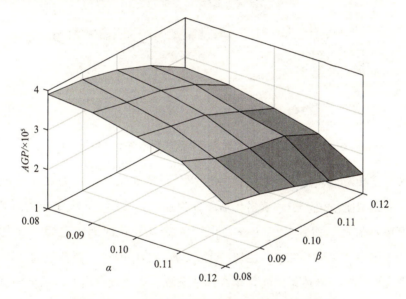

**图 6-3　$\alpha$, $\beta$ 对单位时间毛利润的影响（斜视图）**

将第 5 章敏感度分析图与第 6 章分析图集成得到一个重叠的图（见
图 6-4）。分析图 6-4 发现：①无论系统会不会失效，第一、第二阶段生产
子系统劣化概率 $\alpha$、$\beta$ 对系统单位时间毛利润都有显著的影响。②相对于无随
机失效情况的二级劣化制造系统，第二阶段生产子系统劣化概率 $\beta$ 对有随机失
效情况的二级劣化制造系统的单位时间毛利润影响更小。这可能是由于有随机
失效情况的二级劣化制造系统的劣化，还有可能是由系统失效引起的。因此，
不论制造系统是否失效，企业管理者都应该使二级制造系统的劣化程度维持在

一个较低的水平，对于有随机失效的二级劣化制造系统，企业管理者应该更加关注第一阶段生产子系统劣化概率 $\alpha$ 的影响，即更加优先地保证上游生产子系统的劣化情况维持在一定范围内。

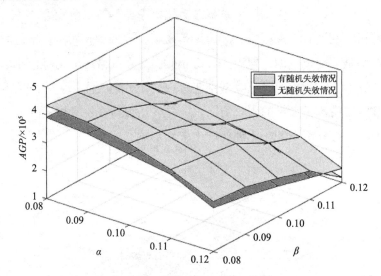

图 6-4　$\alpha$，$\beta$ 对单位时间毛利润的影响对比（斜视图）

这里定义本章模型中的第一阶段生产子系统劣化概率 $\alpha$ 为 $\alpha_6$，定义本章模型中的第二阶段生产子系统劣化概率 $\beta$ 为 $\beta_6$，定义第 4 章模型中的制造系统劣化概率 $\alpha$ 为 $\alpha_4$。将 $\alpha_6$、$\beta_6$ 与 $\alpha_4$ 的变化引起的单位时间毛利润 $AGP$ 的变化放在一个图中（见图 6-5），发现：①$\alpha_6$、$\beta_6$ 与 $\alpha_4$ 的增大都会引起 $AGP$ 的减小，即无论是多级制造系统还是单级制造系统，劣化概率增大，系统加速劣化都会引起单位时间毛利润显著降低。②对于多级制造系统而言，上游生产子系统劣化概率 $\alpha_6$ 对企业单位时间毛利润影响更大。③相对于多级制造系统，单级制造系统中的系统劣化概率对企业单位时间毛利润的影响更大。

2. 第一、第二阶段子系统失效概率 $\gamma$、$\delta$ 敏感度分析

为分析第一、第二阶段子系统失效概率 $\gamma$、$\delta$ 对企业生产经营的影响，分别使二者在空间 {0.08，0.09，0.10，0.11，0.12} 中各元素间变化，如图 6-6 所示。观察图 6-6 发现：①第一、第二阶段系统失效概率 $\gamma$、$\delta$ 对企业生产经营的影响基本是线性负相关的。②第一、第二阶段系统失效概率 $\gamma$、$\delta$ 的微小变化均会对企业生产经营产生巨大影响，均具有一定的"蝴蝶效应"。

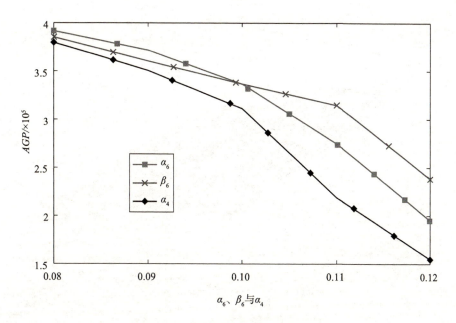

**图 6 - 5　$\alpha_6$、$\beta_6$ 与 $\alpha_4$ 的变化的影响**

因此，为保证企业生产节奏不被打乱，减少企业制造系统随机失效的影响，企业管理者需尽量将第一、第二阶段系统失效概率 $\gamma$、$\delta$ 维持在一个较低的水平，对企业的制造系统进行合理的检查维护。

同样地，这里定义本章模型中的第一阶段生产子系统失效概率 $\gamma$ 为 $\gamma_6$，定义本章模型中的第二阶段生产子系统劣化概率 $\delta$ 为 $\delta_6$，定义第 4 章模型中的制造系统劣化概率 $\beta$ 为 $\beta_4$。将 $\gamma_6$、$\delta_6$ 与 $\beta_4$ 的变化引起的单位时间毛利润 $AGP$ 的变化放在一个图中（见图 6 - 7），我们发现：①$\gamma_6$、$\delta_6$ 与 $\beta_4$ 的增大都会引起 $AGP$ 的减小，即无论是多级制造系统还是单级制造系统，劣化概率增大，系统加速劣化都会引起单位时间毛利润显著降低。②对于多级制造系统而言，上游生产子系统失效概率 $\gamma_6$ 对企业单位时间毛利润影响更大。③相对于多级制造系统，单级制造系统中的系统劣化概率对企业单位时间毛利润的影响更大。

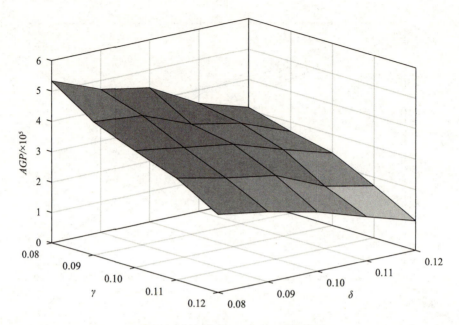

图 6-6　γ、δ 对企业生产经营的影响

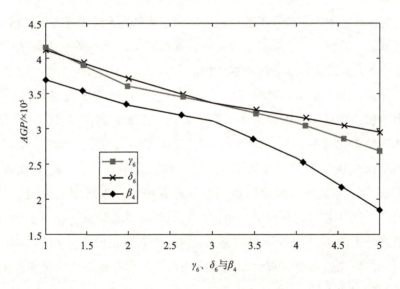

图 6-7　$\gamma_6$、$\delta_6$ 与 $\beta_4$ 的变化的影响

## 6.6　管理启示

本章首先分析了多级突发性失效马尔可夫劣化模式下制造系统的生产维护决策问题，建立了相应的决策优化模型，并开发了求解算法，最后经过算例计算及部分参数的敏感度分析，得到了一些有意义的结论，具体可以归纳为以下三条管理启示。

启示一：本章提出的针对突发性失效多级劣化制造系统的策略及其优化模型是有效可行的且具有较强的鲁棒性，即使在产品随机市场需求波动很大的情况下该模型也能使用，使企业面对随机市场需求具有充分的柔性，企业管理者可以使用本章提出的策略及其优化方法制订相应的维护计划。

启示二：结合上一章的研究结果来看，对于多级制造系统，无论其是否会随机失效，管理者都应确保制造系统处于良好的运行状态，且要优先保证上游生产子系统的运行状态。一般来讲，上游生产子系统的劣化对整个制造系统的运营效果有更大的影响。

启示三：对于会失效的多级制造系统，企业管理者要想控制系统的维护成本，提高企业盈利水平，需在做好日常维护保养的同时避免系统受到剧烈外部冲击以致失效，尤其要保证上游制造系统失效概率维持在一个较低的水平，必要时得及时更换设备，特别是关键零部件。在这类多级制造系统中，任何一级子系统的失效都会引起整个制造系统的停机失效，但上游生产子系统对企业运营影响更大。

## 6.7　本章小结

本章首先分析了使用单级突发性失效劣化制造系统的企业面临的现实问题及已有研究的不足。其次介绍了马尔可夫链的一般概念及性质，并依托马尔可夫链模型建立了相应的决策模型，并开发了求解算法。本章提出了两阶段突发性随机失效模式下的制造系统的生产维护策略。在该策略中，企业管理人员人为规定两阶段制造系统工作阈值，一旦任一阶段制造系统的状态达到对应的阈值（不论另一个子系统是否达到对应的阈值），企业便组织人员对所有阶段制造系统进行维护。相比上一章内容，本章增加了系统的随机失效对生产运营的影响。在此背景下，为找到最优维护策略，本章逐个分析了制造系统生产及维护时间、系统生产成本、系统维护成本、系统启动成本、质量成本、库存与缺货成本以及收益，建立了企业毛利润最大化模型，经过计算本章给出了该策略中最优的系统维护状态阈值。研究结果表明：本章提出的模型对于一般的随机失效多级劣化制造系统的维护计划决策模型是实用且有效的，通过该模型制定的维护计划能使企业面对随机市场需求具有充分的柔性。此外，企业管理者要控制系统劣化且减少对制造系统的冲击，降低其随机失效概率，尤其是对上游生产子系统而言。

# 第 7 章　结论与展望

## 7.1　研究结论

制造系统劣化是制造系统效能下降的表现。劣化后的制造系统不仅会引起系统生产精度下降,还会引起系统随机失效,降低产品质量水平并打乱企业生产计划。然而,为了安全起见,系统往往在停机状态下进行维护,那么过多的维护就会造成系统频繁地或长时间地停机,造成不必要的设备闲置及人力、物力的浪费。因此,企业管理者能否找到一种合理有效决策方法来制订企业的生产维护计划,对企业的生产经营而言显得至关重要。

虽然,学术界已对生产维护决策问题进行了很长时间的研究,但已有文献对该问题的研究往往是局部的、片面的,缺乏系统性及全局性。鉴于此,本书从企业全局出发,统筹考虑制造系统的维护决策与产品质量、产品库存之间的关系,应用马尔可夫模型,在市场完全随机的情境下,全面细致地分析了系统运行时间、维护时间、运行成本及收益,建立了单级或多级、渐变或突发的劣化制造系统生产维护决策模型,给出了基于遗传算法的一般求解方法,应用算例验证了本决策模型的有效性及实用性,并分析了一些关键参数的敏感性,得到有关结论和管理启示。

本书主体部分分为四个章节,每一章节分别应用一种马尔可夫过程特殊模型,研究一类制造系统,并提出了相应的策略,得到一些有意义的结论。

第 3 章应用连续时间马尔可夫链的一种特殊形式——纯生过程模型研究了随机市场需求下单级渐进式劣化制造系统生产维护计划问题,建立了相应的决策模型并开发了求解算法,应用算例验证了算法的有效性,并分析部分参数得到了一些管理启示。具体说来，本书在分析渐变式马尔可夫劣化模式下制造系统生产维护决策问题的基础上，提出了相应的生产维护策略。在该策略中，企业管理人员为系统状态设定一个阈值，一旦制造系统达到这个阈值，企业便组织人员对所有阶段制造系统进行维护。为了得到该类型企业的最优决策及该生产维护策略的最优值，本章逐一计算了制造系统生产及维护时间、系统生产成本、系统维护成本、系统启动成本、质量成本、库存与缺货成本以及毛利润，建立了生产维护计划模型，并以遗传算法为基础开发了针对该问题的一般求解方法，最后分析了影响该类型企业的经营效果的内部不利因素——市场因素及外部不利因素——系统状态转移强度及劣化产品合格品率衰减率对企业经营的影响。研究结果表明：本章提出的模型对于一般的单级劣化制造系统的维护计划决策是实用有效的，且该策略的鲁棒性较强。通过该模型得到的维护计划能使企业具有充分的柔性。此外，制造系统的内部不利因素对企业的生产经营有更为不利的影响需引起企业管理者足够重视。

第 4 章应用非齐次马尔可夫链模型研究了随机市场需求下单级突发性失效制造系统生产维护决策问题，建立了相应的生产维护决策模型，并开发了相应求解算法，应用算例验证了算法的有效性，并分析部分参数得到了一些管理启示。具体说来，本书在分析突发性失效马尔可夫劣化模式下制造系统生产维护决策问题的基础上，提出了相应的生产维护策略。在该策略中，企业管理人员人为规定一个生产批量数阈值，一旦该阈值数量的生产批量的产品生产完成，企业便组织人员对所有阶段制造系统进行维护，同时若在这期间设备失效，也应对其进行事后维护。相比上一章内容，本章考虑了系统的随机失效对生产运营的影响。在此背景下，为找到最优维护策略，本章逐个分析了制造系统生产及维护时间、系统生产成本、系统维护成本、系统启动成本、质量成本、库存与缺货成本以及收益，建立了企业毛利润最大化模型，经过计算给出了该策略中最优的系统维护批量数阈值。研究结果表明：本章提出的模型对于一般的随机失效单级劣化制造系统的维护计划决策模型是实用且有效的，通过该模型制订的维护计划能使企业面对随机市场需求具有充分的柔性。此外，企业管理者一方面要着重保持系统良好的运转状态，控制系统劣化；另一方面也要减少对系统的冲击，降低其随机失效概率。

第 5 章应用高维齐次马尔可夫链模型研究了随机市场需求下多级渐变式劣

化制造系统生产维护决策问题，建立了相应的生产维护决策模型，并开发了相应的求解算法，应用算例验证了算法的有效性，并分析部分参数得到了一些管理启示。具体说来，本书在分析多级渐变式马尔可夫劣化模式下制造系统生产维护决策问题的基础上，提出了相应的生产维护策略。在该策略中，企业管理人员人为规定一个生产批量数阈值，一旦该阈值数量的生产批量的产品生产完成，企业便组织人员对所有阶段制造系统进行维护。相比上一章内容，本章虽然未考虑系统的随机失效，但研究对象为多级制造系统。在此背景下，为找到最优维护策略，本章逐个分析了制造系统生产及维护时间、系统生产成本、系统维护成本、系统启动成本、质量成本、库存与缺货成本以及收益，建立了企业毛利润最大化模型，经过计算给出了该策略中最优的系统维护批量数阈值。研究结果表明：本章提出的模型对于不随机失效的多级劣化制造系统的维护策略及其优化模型是实用且有效的。该策略及其优化模型鲁棒性较好，通过该模型得到的维护计划能使这类型多级制造系统具有充分的柔性。此外，企业管理者要控制制造系统的劣化速度特别是上游制造系统的劣化速度。

第 6 章应用高维半马尔可夫链模型研究了随机市场需求下多级突发性失效劣化制造系统维护决策问题，建立了相应的生产维护决策模型，并开发了相应求解算法，应用算例验证了算法的有效性，并分析部分参数得到了一些管理启示。具体说来，本书提出了相应的生产维护策略，在该策略中，企业管理人员人为规定两阶段制造系统工作阈值，一旦任一阶段制造系统的状态达到对应的阈值（不论另一个子系统是否达到对应的阈值），企业便组织人员对所有阶段制造系统进行维护。相比上一章内容，本章增加了系统的随机失效对生产运营的影响。在此背景下，为找到最优维护策略，本章逐个分析了制造系统生产及维护时间、系统生产成本、系统维护成本、系统启动成本、质量成本、库存与缺货成本以及收益，建立了企业毛利润最大化模型，经过计算给出了该策略中最优的系统维护状态阈值。研究结果表明：本章提出的模型对于一般的随机失效多级劣化制造系统的维护计划决策模型是实用且有效的，通过该模型制订的维护计划能使企业面对随机市场需求具有充分的柔性。此外，企业管理者要控制系统劣化且减少对制造系统的冲击以降低其随机失效概率，尤其是对上游生产子系统而言。

## 7.2　主要贡献

本书从企业全局出发，统筹考虑了劣化制造系统的生产维护决策问题，分别应用各类型马尔可夫模型，在市场完全随机的情境下，研究了单级渐变式马尔可夫劣化模式下制造系统生产维护决策问题、单级突发性失效马尔可夫劣化模式下制造系统生产维护决策问题、多级渐变式马尔可夫劣化模式下制造系统生产维护决策问题以及多级突发性失效马尔可夫劣化模式下制造系统生产维护决策问题，全面细致地分析了各类型制造系统的运行时间、维护时间、运行成本及收益，建立了相应的生产维护决策模型，给出了基于遗传算法的一般求解方法，应用算例验证了本决策模型的有效性及实用性，并分析了一些关键参数的敏感性。本书的主要贡献可以概括为以下四点。

贡献一：本书在市场需求随机背景下综合考察了多类型生产制造系统的劣化问题及其衍生问题——单级渐变式马尔可夫劣化模式下制造系统生产维护决策问题、单级突发性失效马尔可夫劣化模式下制造系统生产维护决策问题、多级渐变式马尔可夫劣化模式下制造系统生产维护决策问题以及多级突发性失效马尔可夫劣化模式下制造系统生产维护决策问题。

贡献二：本书充分应用马尔可夫过程模型在模拟随机过程中的优势来研究制造系统的劣化，为其他研究者提供一定参考。本书分别应用马尔可夫过程模型的特殊形式——纯生过程、非齐次马尔可夫链、高维齐次马尔可夫链和高维半马尔科夫链逐一模拟四类典型的制造系统的劣化过程——单级渐变式制造系统的劣化、单级突发性失效的制造系统的劣化、多级渐变式制造系统的劣化以及多级突发性失效的制造系统的劣化。

贡献三：本书给出了一种求解高维马尔可夫链模型方法。在研究多级制造系统的生产维护问题时，会应用到高维马尔可夫链，而在求解高维马尔可夫链的过程中会遇到其转移概率矩阵难以计算的问题。本书为解决这一问题提供了两类方法，一种方法是将高维马尔可夫链转化为一维马尔可夫链之后，再计算其状态转移概率矩阵；另一种方法是若已知系统在每个状态上停留的时间，我们可以仅仅计算各个状态访问次数而绕开状态转移概率矩阵求解难的问题。

贡献四：本书基于遗传算法为各类制造系统的生产维护决策模型开发了相

应的求解方法，解决了这些决策模型求解难的问题。本书从各类型制造企业实际出发分别推导的生产维护决策模型均具有约束条件多、非线性强、混合整数优化等特点，普通算法难以求解。如果不解决这一问题，本书的实践意义将大打折扣，因此本书依据模型特点并结合遗传算法的长处开发了相应的求解算法，取得了较好的效果。

## 7.3　研究展望

本书将劣化制造系统看成一个开放系统，通过运用马尔可夫理论各类模型系统全面地研究了单级与多级、随机失效与不随机失效制造系统的生产维护计划问题，提出了相应的生产维护策略，分析了这几类企业的时间、成本及收益，建立了毛利润最大化模型，计算得到了毛利润最大时的最优策略，并分析了一些影响因素。尽管，本书得到了一些有意义的结论，但还有很多方面值得深入研究。

首先，本书在建立决策模型时没有考虑人的因素，而现实中免不了有人参与到制造系统运行过程中，会产生劳动力成本。不同管理层级的人对企业影响也不同。总的来讲，人对制造系统的影响更加复杂多样，因此未来可以考虑人在制造系统中的作用与表现，如人的随机性、人的疲劳程度、学习效应、员工的加入与离职等对制造系统的影响。

其次，本书分析系统运营时间、各项成本及收益时并未考虑任何约束，而由于政策及市场随机事件的影响，企业在实际运营中可能会有很多现实考量及运营限制，这会对企业的盈利水平带来很大影响。因此，未来可以进一步挖掘企业在实际生产中遇到的约束，加入模型中进行分析。

再次，本书考虑的市场随机性仅仅涉及产品市场随机需求，而市场随机性还表现在原材料供应随机、原材料价格随机及产品价格随机等。每一种随机性都会对企业生产经营形成巨大影响，未来的研究中应该更加贴近生产实际情况，考虑更多类型的随机性。

此外，为充分利用企业的人力物力资源满足市场多样化需求，企业往往出产一系列的多样化的产品，而本书仅仅考虑了单一品种的产品，多样化的产品生产将会更加复杂，制造系统及生产的随机性将会放大，为了让这一理论研究更加贴近管理实践，未来可以考虑生产多种产品的制造系统的生产维护管理问题。

最后，随着人工智能、大数据、云计算等技术的发展，制造系统应该更加智能、集成、多能，也会使制造系统甚至整个市场的情况变得更加复杂多样，未来应该考虑新技术对制造系统的运营情况的影响，分析新技术对这类制造系统管理实践的影响。

# 参考文献

［1］Abboud N E. A discrete – time Markov production – inventory model with machine breakdowns ［J］. Computers & Industrial Engineering, 2001, 39 (1 – 2): 95 – 107.

［2］Abdul – Nour G, Beaudoin H, Ouellet P, et al. A reliability based maintenance policy: a case study ［J］. Computers & Industrial Engineering, 1998, 35 (3 – 4): 591 – 594.

［3］Aghezzaf E H, Khatab A, Le T P. Optimizing production and imperfect preventive mainte- nance planning's integration in failure – prone manufacturing systems ［J］. Reliability Engi- neering & System Safety, 2016 (145): 190 – 198.

［4］Ahmadi R, Newby M. Maintenance scheduling of a manufacturing system subject to deteriora- tion ［J］. Reliability Engineering & System Safety, 2011, 96 (10): 1411 – 1420.

［5］Ahuja I P S, Khamba J S. Total productive maintenance: literature review and directions ［J］. International Journal of Quality & Reliability Management, 2008, 25 (7): 709 – 756.

［6］Amigó J. Permutation complexity in dynamical systems: ordinal patterns, permutation entropy and all that ［M］. Springer Science & Business Media, 2010.

［7］Angius A, Colledani M, Silipo L, et al. Impact of Preventive Maintenance on the Service Level of Multi – stage Manufacturing Systems with Degrading Machines ［J］. IFAC – Papers OnLine, 2016, 49 (12): 568 – 573.

［8］Asadi M, Bayramoglu I. The mean residual life function of a k – out – of – n structure at the system level ［J］. IEEE Transactions on Reliability, 2006, 55 (2): 314 – 318.

［9］Axsater S. Inventory control ［M］. London: Springer, 2015: 27 – 42.

［10］Babishin V, Taghipour S. Joint optimal maintenance and inspection for a k – out – of – n system ［J］. International Journal of Advanced Manufacturing Technology, 2016, 87 (5 – 8): 1739 – 1749.

［11］Bai J, Li Z R, Wang J J, et al. Single machine common flow allowance scheduling with deteriorating jobs and a rate – modifying activity [J]. Applied Mathematical Modelling, 2014, 38 (23): 5431 – 5438.

[12] Bartholomew – Biggs M, Zuo M J, Li X. Modeling and optimizing sequential imperfect preventive maintenance [J]. Reliability Engineering and System Safety, 2009, 94 (1): 53 – 62.

[13] Berrade M D, Scarf P A, Cavalcante C A V, et al. Imperfect inspection and replacement of a system with a defective state: A cost and reliability analysis [J]. Reliability Engineering & System Safety, 2013 (120): 80 – 87.

[14] Bjarnason E T S, Taghipour S, Banjevic D. Joint optimal inspection and inventory for a k – out – of – n system [J]. Reliability Engineering & System Safety, 2014 (131): 203 – 215.

[15] Borrero J S, Akhavan – Tabatabaei R. Time and inventory dependent optimal maintenance policies for single machine workstations: An MDP approach [J]. European Journal of Operational Research, 2013, 228 (3): 545 – 555.

[16] Bouslah B, Gharbi A, Pellerin R. Joint optimal lot sizing and production control policy in an unreliable and imperfect manufacturing system [J]. International Journal of Production Economics, 2013, 144 (1): 143 – 156.

[17] Bouslah B, Gharbi A, Pellerin R. Joint production and quality control of unreliable batch manufacturing systems with rectifying inspection [J]. International Journal of Production Research, 2014, 52 (14): 4103 – 4117.

[18] Bouslah B, Gharbi A, Pellerin R. Integrated production, sampling quality control and maintenance of deteriorating production systems with AOQL constraint [J]. Omega, 2016 (61): 110 – 126.

[19] Bouslah B, Gharbi A, Pellerin R. Joint production, quality and maintenance control of a two – machine line subject to operation – dependent and quality – dependent failures [J]. International Journal of Production Economics, 2018 (195): 210 – 226.

[20] Boxma O, Lopker A, Perry D. On a make – to – stock production/mountain modeln with hysteretic control [J]. Annals of Operations Research, 2016, 241 (1 – 2): 53 – 82.

[21] Buyukkaramikli N C, van Ooijen H P G, Bertrand J W M. Integrating inventory control and capacity management at a maintenance service provider [J]. Annals of Operations Research, 2015, 231 (1): 185 – 206.

[22] Cao Y, Subramaniam V, Chen R. Performance evaluation and enhancement of multistage manufacturing systems with rework loops [J]. Computers & Industrial Engineering, 2012,

62 (1): 161 – 176.

［23］ Cao Y, Subramaniam V. Improving the performance of manufacturing systems with continu-ous sampling plans ［J］. IIE transactions, 2013, 45 (6): 575 – 590.

［24］ Castro I T, Barros A, Grall A. Age – based preventive maintenance for passive components submitted to stress corrosion cracking ［J］. Mathematical and Computer Modelling, 2011, 54 (1 – 2): 598 – 609.

［25］ Castro I T, Caballé N C, Pérez C J. A condition – based maintenance for a system subject to multiple degradation processes and external shocks ［J］. International Journal of Systems Science, 2015, 46 (9): 1692 – 1704.

［26］ Chakraborty T, Giri B C, Chaudhuri K S. Production lot sizing with process deterioration and machine breakdown ［J］. European Journal of Operational Research, 2008, 185 (2): 606 – 618.

［27］ Chakraborty T, Giri B C, Chaudhuri K S. Production lot sizing with process deteriora-tion and machine breakdown under inspection schedule ［J］. Omega, 2009, 37 (2): 257 – 271.

［28］ Chakraborty T, Giri B C. Lot sizing in a deteriorating production system under inspections, imperfect maintenance and reworks ［J］. Operational Research, 2014, 14 (1): 29 – 50.

［29］ Chelbi A, Ait – Kadi D. Analysis of a production/inventory system with randomly failing production unit submitted to regular preventive maintenance ［J］. European Journal of Oper-ational Research, 2004, 156 (3): 712 – 718.

［30］ Chelbi A, Ait – Kadi D. Analysis of a production/inventory system with randomly failing production unit submitted to regular preventive maintenance ［J］. European Journal of Oper-ational Research, 2004, 156 (3): 712 – 718.

［31］ Chelbi A, Rezg N. Analysis of a production/inventory system with randomly failing produc-tion unit subjected to a minimum required availability level ［J］. International Journal of Pro-duction Economics, 2006, 99 (1 – 2): 131 – 143.

［32］ Chen Y. An optimal production and inspection strategy with preventive maintenance error and rework ［J］. Journal of Manufacturing systems, 2013, 32 (1): 99 – 106.

［33］ Chen N, Ye Z S, Xiang Y, et al. Condition – based maintenance using the inverse Gaussi-an degradation model ［J］. European Journal of Operational Research, 2015, 243 (1): 190 – 199.

［34］ Cheng T C E, Tseng S C, Lai P J, et al. Single – machine scheduling with accelerating deterioration effects [J]. Optimization letters, 2014, 8 (2): 543 –554.

[35] Cheng G Q, Zhou B H, Li L. Integrated production, quality control and condition – based maintenance for imperfect production systems [J]. Reliability Engineering & System Safety, 2018 (175): 251 –264.

[36] Ching W, Huang X, Ng M, et al. Markov chains: models, algorithms and applications (2nd Ed. ) [M]. Publications of the American Statistical Association, 2006: 32 –75.

[37] Chiu S W, Chou C L, Wu W K. Optimizing replenishment policy in an EPQ – based inventory model with nonconforming items and breakdown [J]. Economic Modelling, 2013 (35): 330 –337.

[38] Chryssolouris G. Manufacturing systems: theory and practice [M]. New York: Springer Science & Business Media, 2013: 112 –143.

[39] Chu C, Proth J M, Wolff P. Predictive maintenance: The one – unit replacement model [J]. International Journal of Production Economics, 1998, 54 (3): 285 –295.

[40] Colledani M, Tolio T. Impact of quality control on production system performance [J]. CIRP Annals – Manufacturing Technology, 2006, 55 (1): 453 –456.

[41] Colledani M, Tolio T. Performance evaluation of production systems monitored by statistical process control and off – line inspections [J]. International Journal of Production Economics, 2009, 120 (2): 348 –367.

[42] Colledani M, Tolio T. Integrated analysis of quality and production logistics performance in manufacturing lines [J]. International Journal of Production Research, 2011a, 49 (2): 485 –518.

[43] Colledani M, Tolio T. Joint design of quality and production control in manufacturing systems [J]. CIRP Journal of Manufacturing Science and Technology, 2011b, 4 (3): 281 –289.

[44] Colledani M, Tolio T. Integrated quality, production logistics and maintenance analysis of multi – stage asynchronous manufacturing systems with degrading machines [J]. CIRP Annals – Manufacturing Technology, 2012, 61 (1): 455 –458.

[45] Colledani M, Tolio T, Fischer A, et al. Design and management of manufacturing systems for production quality [J]. CIRP Annals – Manufacturing Technology, 2014, 63 (2): 773 –796.

[46] Colledani M, Horvath A, Angius A. Production quality performance in manufacturing systems processing deteriorating products [J]. CIRP Annals, 2015, 64 (1): 431 –434.

［47］ Darwish M A, Ben – Daya M. Effect of inspection errors and preventive maintenance on a two – stage production inventory system ［J］. International Journal of Production Economics, 2007, 107 (1): 301 –313.

［48］ Deb K. An introduction to genetic algorithms ［M］. London: Springer, 1999: 293 –315.

［49］ Deloux E, Castanier B, Bérenguer C. Environmental information adaptive condition – based maintenance policies ［J］. Structure and Infrastructure Engineering, 2012, 8 (4): 373 –382.

［50］ Dhouib K, Gharbi A, Aziza M N B. Joint optimal production control/preventive maintenance policy for imperfect process manufacturing cell ［J］. International Journal of Production Economics, 2012, 137 (1): 126 –136.

［51］ Diallo C, Venkatadri U, Khatab A, et al. Optimal selective maintenance decisions for large serial k – out – of – n: G systems under imperfect maintenance ［J］. Reliability Engineering & System Safety, 2018 (175): 234 –245.

［52］ Ding Y, Ceglarek D, Shi J. Modeling and diagnosis of multistage manufacturing processes: part I: state space model ［C］ //Proceedings of the 2000 Japan/USA symposium on flexible automation, 2000: 23 –26.

［53］ Ding S H, Kamaruddin S. Maintenance policy optimization—literature review and directions ［J］. The International Journal of Advanced Manufacturing Technology, 2015, 76 (5 –8): 1263 –1283.

［54］ Do P, Voisin A, Levrat E, et al. A proactive condition – based maintenance strategy with both perfect and imperfect maintenance actions ［J］. Reliability Engineering & System Safety, 2015 (133): 22 –32.

［55］ Eaves A H C, Kingsman B G. Forecasting for the ordering and stock – holding of spare parts ［J］. Journal of the Operational Research Society, 2004, 55 (4): 431 –437.

［56］ Ei – Ferik S, Ben – Daya M. Age – based hybrid model for imperfect preventive maintenance ［J］. IIE Transactions, 2006, 38 (4): 365 –375.

［57］ Erkoc M, Ertogral K. Overhaul planning and exchange scheduling for maintenance services with rotable inventory and limited processing capacity ［J］. Computers & Industrial Engineering, 2016 (98): 30 –39.

［58］ Fata C M, Passannanti G. A simulated annealing – based approach for the joint optimization of production/inventory and preventive maintenance policies ［J］. The International Journal of Advanced Manufacturing Technology, 2017, 91 (9 –12): 3899 –3909.

[59] Fakher B H, Nourelfath M, Gendreau M. A cost minimisation model for joint production and maintenance planning under quality constraints [J]. International Journal of Production Research, 2017, 55 (8): 2163 – 2176.

[60] Gao Y, Feng Y, Zhang Z, et al. An optimal dynamic interval preventive maintenance scheduling for series systems [J]. Reliability Engineering & System Safety, 2015 (142): 19 – 30.

[61] Gobetto M. Operations management in automotive industries [M] //From industrial strategies to production resources management, through the industrialization process and supply chain to pursue value creation. Dordrecht: Springer, 2014: 49.

[62] Golmakani H R. Optimal age – based inspection scheme for condition – based maintenance using A* search algorithm [J]. International Journal of Production Research, 2012, 50 (23): 7068 – 7080.

[63] Gossinger R, Kaluzny M. Release of maintenance jobs in a decentralized multi – stage production/maintenance system with continuous condition monitoring [J]. Journal of Business Economics, 2013, 83 (7): 727 – 758.

[64] Gouiaa – Mtibaa A, Dellagi S, Achour Z, et al. Integrated maintenance – quality policy with rework process under improved imperfect preventive maintenance [J]. Reliability Engineering & System Safety, 2017, 5 (4): 339 – 355.

[65] Hadidi L A, Al – Turki U M, Rahim A . Integrated models in production planning and scheduling, maintenance and quality: A review [J]. International Journal of Industrial and Systems Engineering, 2012, 10 (1).

[66] He K, Maillart L M, Prokopyev O A. Scheduling preventive maintenance as a function of an imperfect inspection interval [J]. IEEE Transactions on Reliability, 2015, 64 (3): 983 – 997.

[67] Horenbeek A, Bure J, Cattrysse D, et al. Joint maintenance and inventory optimization systems: A review [J]. International Journal of Production Economics, 2013, 143 (2): 499 – 508.

[68] Hou K L, Lin L C, Lin T Y. Optimal lot sizing with maintenance actions and imperfect production processes [J]. International Journal of Systems Science, 2015, 46 (15): 2749 – 2755.

[69] Hsu J T, Hsu L F. Two EPQ models with imperfect production processes, inspection errors, planned backorders, and sales returns [J]. Computers & Industrial Engineering, 2013,

64 （1）： 389 - 402.

[70] Hu Q, Boylan J E, Chen H, et al. OR in spare parts management: A review [J]. European Journal of Operational Research, 2017, 243 （2）： 57 - 79.

[71] Huang W, Lin J, Kong Z, et al. Stream - of - variation （SOVA） modeling II: a generic 3D variation model for rigid body assembly in multistation assembly processes [J]. Journal of Manufacturing Science and Engineering, 2007, 129 （4）： 832 - 842.

[72] Huynh K T, Barros A, Berenguer C, et al. A periodic inspection and replacement policy for systems subject to competing failure modes due to degradation and traumatic events [J]. Reliability Engineering & System Safety, 2011, 96 （4）： 497 - 508.

[73] Huynh K T, Castro I T, Barros A, et al. Modeling age - based maintenance strategies with minimal repairs for systems subject to competing failure modes due to degradation and shocks [J]. European Journal of Operational Research, 2012, 218 （1）： 140 - 151.

[74] Inman R R, Blumenfeld D E, Huang N, et al. Designing production systems for quality: research opportunities from an automotive industry perspective [J]. International Journal of Production Research, 2003, 41 （9）： 1953 - 1971.

[75] Inman R R, Blumenfeld D E, Huang N, et al. Survey of recent advances on the interface between production system design and quality [J]. IIE Transactions, 2013, 45 （6）： 557 - 574.

[76] Iwase M, Ohno K. The performance evaluation of a multi - stage JIT production system with stochastic demand and production capacities [J]. European Journal of Operational Research, 2011, 214 （2）： 216 - 222.

[77] Jaarsveld W V, Dekker R. Spare parts stock control for redundant systems using reliability centered maintenance data [J]. Reliability Engineering & System Safety, 2011, 96 （11）： 1576 - 1586.

[78] Jacobs F R, Chase R B, Lummus R R. Operations and supply chain management [M]. New York, NY: McGraw - Hill/Irwin, 2014: 87 - 103.

[79] Jafari L, Makis V. Joint optimal lot sizing and preventive maintenance policy for a production facility subject to condition monitoring [J]. International Journal of Production Economics, 2015 （169）： 156 - 168.

[80] Jafari L, Makis V. Joint optimization of lot - sizing and maintenance policy for a partially observable two - unit system [J]. The International Journal of Advanced Manufacturing Technology, 2016a, 87 （5 - 8）： 1621 - 1639.

[81] Jafari L, Makis V. Optimal lot – sizing and maintenance policy for a partially observable production system [J]. Computers & Industrial Engineering, 2016b (93): 88 – 98.

[82] Jamshidi R, Seyyed Esfahani M M. Reliability – based maintenance and job scheduling for identical parallel machines [J]. International Journal of Production Research, 2015, 53 (4): 1216 – 1227.

[83] Jeang A. Simultaneous determination of production lot size and process parameters under process deterioration and process breakdown [J]. Omega, 2012, 40 (6): 774 – 781.

[84] Jin J, Shi J. State Space Modeling of Sheet Metal Assembly for Dimensional Control [J]. Journal of Manufacturing Science & Engineering, 1999, 121 (4): 756 – 762.

[85] Jiu S, Zhou Z, Liu J. The equipment maintenance scheduling problem in a coal production system [J]. International Journal of Production Research, 2013, 51 (17): 5309 – 5336.

[86] Jonge B, Klingenberg W, Teunter R, et al. Reducing costs by clustering maintenance activities for multiple critical units [J]. Reliability Engineering & System Safety, 2016 (145): 93 – 103.

[87] Jonge B, Teunter R, Tinga T. The influence of practical factors on the benefits of condition – based maintenance over time – based maintenance [J]. Reliability Engineering & System Safety, 2017 (158): 21 – 30.

[88] Jonge B, Jakobsons E. Optimizing block – based maintenance under random machine usage [J]. European Journal of Operational Research, 2018, 265 (2): 703 – 709.

[89] Ju F, Li J, Xiao G, et al. Modeling, analysis, and improvement of integrated productivity and quality system in battery manufacturing [J]. IIE transactions, 2015, 47 (12): 1313 – 1328.

[90] Kang K, Subramaniam V. Integrated control policy of production and preventive maintenance for a deteriorating manufacturing system [J]. Computers & Industrial Engineering, 2018 (118): 266 – 277.

[91] Keizer M C A O, Flapper S D P, Teunter R H. Condition – based maintenance policies for systems with multiple dependent components: A review [J]. European Journal of Operational Research, 2017, 261 (2): 405 – 420.

[92] Kim J, Gershwin S B. Integrated quality and quantity modeling of a production line: Stochastic Modeling of Manufacturing Systems [M]. Springer Berlin Heidelberg, 2006.

[93] Kim J, Gershwin S B. Analysis of long flow lines with quality and operational failures [J]. IIE transactions, 2008, 40 (3): 284 – 296.

［94］ Kim J, Ahn Y, Yeo H. A comparative study of time – based maintenance and condition – based maintenance for optimal choice of maintenance policy ［J］. Structure and Infrastructure Engineering, 2016, 12 (12): 1525 – 1536.

［95］ Kuei C H, Madu C N, Lin C. Implementing supply chain quality management ［J］. Total Quality Management, 2008, 19 (11): 1127 – 1141.

［96］ Kümmel R. The second law of economics: energy, entropy, and the origins of wealth ［M］. Springer Science & Business Media, 2011.

［97］ Kutzner S C, Kiesmüller G P. Optimal control of an inventory – production system with state – dependent random yield ［J］. European Journal of Operational Research, 2013, 227 (3): 444 – 452.

［98］ Lee J, Unnikrishnan S. Planning quality inspection operations in multistage manufacturing systems with inspection errors ［J］. International Journal of Production Research, 1998, 36 (1): 141 – 156.

［99］ Li C, Zhang Y, Xu M. Reliability – based maintenance optimization under imperfect predictive maintenance ［J］. Chinese Journal of Mechanical Engineering, 2012, 25 (1): 160 – 165.

［100］ Liao G L, Sheu S H. Economic production quantity model for randomly failing production process with minimal repair and imperfect maintenance ［J］. International Journal of Production Economics, 2011, 130 (1): 118 – 124.

［101］ Liao G L. Joint production and maintenance strategy for economic production quantity model with imperfect production processes ［J］. Journal of Intelligent Manufacturing, 2013, 24 (6): 1229 – 1240.

［102］ Liao G L. Production and maintenance strategy for a high – reliability imperfect process with free – repair warranty ［J］. International Journal of Systems Science: Operations & Logistics, 2018, 5 (1): 87 – 98.

［103］ Lin G C, Gong D C. On a production – inventory system of deteriorating items subject to random machine breakdowns with a fixed repair time ［J］. Mathematical & Computer Modelling, 2006, 43 (7): 920 – 932.

［104］ Lin Y H, Chen J M, Chen Y C. The impact of inspection errors, imperfect maintenance and minimal repairs on an imperfect production system ［J］. Mathematical and Computer Modelling, 2011, 53 (9 – 10): 1680 – 1691.

［105］ Liu J, Shi J, Hu S J. Quality – assured setup planning based on the stream – of – variation model for multi – stage machining processes [J]. IIE transactions, 2009, 41 (4): 323 – 334.

[106] Liu X, Wang W, Peng R. An integrated production, inventory and preventive mainte-nance model for a multi – product production system [J]. Reliability Engineering & System Safety, 2015 (137): 76 – 86.

[107] Lu Z, Zhang Y, Han X. Integrating run – based preventive maintenance into the capacita-ted lot sizing problem with reliability constraint [J]. International Journal of Production Re-search, 2013, 51 (5): 1379 – 1391.

[108] Lu B, Zhou X, Li Y. Joint modeling of preventive maintenance and quality improvement for deteriorating single – machine manufacturing systems [J]. Computers & Industrial Engi-neering, 2016 (91): 188 – 196.

[109] Masayuki M. Manufacturing and Service Enterprise with Risk: A Stochastic Management Approach [J]. Springer Science. Japan, 2009.

[110] Matsui M. Manufacturing and Service Enterprise with Risks Ⅱ [M]. Springer Verlag, Ja-pan, 2016.

[111] Mandroli S S, Shrivastava A K, Ding Y. A survey of inspection strategy and sensor distri-bution studies in discrete – part manufacturing processes [J]. IIE Transactions, 2006, 38 (4): 309 – 328.

[112] Manzini R, Accorsi R, Cennerazzo T, et al. The scheduling of maintenance: A resource – constraints mixed integer linear programming model [J]. Computers & Industrial Engineer-ing, 2015 (87): 561 – 568.

[113] Mantripragada R, Whitney D E. Modeling and controlling variation propagation in mechani-cal assemblies using state transition models [J]. Robotics & Automation IEEE Transac-tions, 1999, 15 (1): 124 – 140.

[114] Marquez A C. The maintenance management framework: models and methods for complex systems maintenance [M]. Springer Science & Business Media, 2007.

[115] McKone K E, Schroeder R G, Cua K O. Total productive maintenance: a contextual view [J]. Journal of operations management, 1999, 17 (2): 123 – 144.

[116] McKone K E, Schroeder R G, Cua K O. The impact of total productive maintenance prac-tices on manufacturing performance [J]. Journal of operations management, 2001, 19 (1): 39 – 58.

[117] Meerkov S M, Zhang L. Product quality inspection in Bernoulli lines: analysis, bottle-

necks, and design [J]. International Journal of Production Research, 2010, 48 (16):
4745 - 4766.

[118] Meerkov S M, Zhang L. Bernoulli production lines with quality - quantity coupling ma-
chines: monotonicity properties and bottlenecks [J]. Annals of Operations Research,
2011, 182 (1): 119 - 131.

[119] Mhada F Z, Malhamé R P, Pellerin R. Joint assignment of buffer sizes and inspection
points in unreliable transfer lines with scrapping of defective parts [J]. Production & Manu
facturing Research, 2013, 1 (1): 79 - 101.

[120] Modak N M, Panda S, Sana S S. Optimal just - in - time buffer inventory for preventive
maintenance with imperfect quality items [J]. Tékhne, 2015, 13 (2): 135 - 144.

[121] Mohammadi M, Dantan J Y, Siadat A, et al. A bi - objective robust inspection planning
model in a multi - stage serial production system [J]. International Journal of Production
Research, 2018, 56 (4): 1432 - 1457.

[122] Montgomery D C, William H Woodall. A discussion on statistically - based process monito-
ring and control [J]. Journal of Quality Technology, 1997, 29 (2): 148 - 156.

[123] Mor B, Mosheiov G. Scheduling a maintenance activity and due - window assignment based
on common flow allowance [J]. International Journal of Production Economics, 2012, 135
(1): 222 - 230.

[124] Nakagawa T, Zhao X. Optimization problems of a parallel system with a random number of
units [J]. IEEE Transactions on Reliability, 2012, 61 (2): 543 - 548.

[125] Negoita C V, Ralescu D. Management Applications of System Theory [J]. IEEE Transac-
tions on Systems, Man, and Cybernetics, 1980, 10 (5): 280 - 281.

[126] Nguyen K A, Do P, Grall A. Condition - based maintenance for multi - component sys-
tems using importance measure and predictive information [J]. International Journal of Sys-
tems Science: Operations & Logistics, 2014, 1 (4): 228 - 245.

[127] Nguyen K A, Do P, Grall A. Multi - level predictive maintenance for multi - component
systems [J]. Reliability Engineering & System Safety, 2015 (144): 83 - 94.

[128] Nguyen D T, Dijoux Y, Fouladirad M. Analytical properties of an imperfect repair model
and application in preventive maintenance scheduling [J]. European Journal of Operational
Research, 2017, 256 (2): 439 - 453.

[129] Nobil A H, Sedigh A H A, Cárdenas - Barrón L E. A multi - machine multi - product
EPQ problem for an imperfect manufacturing system considering utilization and allocation de-

cisions [J]. Expert Systems with Applications, 2016 (56): 310 –319.

[130] Nodem F I D, Kenne J P, Gharbi A. Production planning and repair/replacement switching policy for deteriorating manufacturing systems [J]. The International Journal of Advanced Manufacturing Technology, 2011a, 57 (5 –8): 827.

[131] Nodem F I D, Kenné J P, Gharbi A. Simultaneous control of production, repair/replacement and preventive maintenance of deteriorating manufacturing systems [J]. International Journal of Production Economics, 2011b, 134 (1): 271 –282.

[132] Nodem F I D, Gharbi A, Kenné J P. Preventive maintenance and replacement policies for deteriorating production systems subject to imperfect repairs [J]. International Journal of Production Research, 2011c, 49 (12): 3543 –3563.

[133] Nourelfath M, Nahas N, Ben – Daya M. Integrated preventive maintenance and production decisions for imperfect processes [J]. Reliability Engineering & System Safety, 2016 (148): 21 –31.

[134] Paul S K, Sarker R, Essam D. Real time disruption management for a two – stage batch production – inventory system with reliability considerations [J]. European Journal of Operational Research, 2014, 237 (1): 113 –128.

[135] Paul S K, Sarker R, Essam D. A disruption recovery plan in a three – stage production – inventory system [J]. Computers & Operations Research, 2015 (57): 60 –72.

[136] Peng H, vanHoutum G J. Joint optimization of condition – based maintenance and production lot – sizing [J]. European Journal of Operational Research, 2016, 253 (1): 94 –107.

[137] Phoomboplab T, Ceglarek D. Process yield improvement through optimum design of fixture layouts in 3D multistation assembly systems [J]. Journal of Manufacturing Science and Engineering, 2008, 130 (6): 061005.

[138] Pooya A, Pakdaman M. A delayed optimal control model for multi – stage production – inventory system with production lead times [J]. The International Journal of Advanced Manufacturing Technology, 2018, 94 (1 –4): 751 –761.

[139] Poppe J, Boute R N, Lambrecht M R. A hybrid condition – based maintenance policy for continuously monitored components with two degradation thresholds [J]. European Journal of Operational Research, 2018, 268 (2): 515 –532.

[140] Radhoui M, Rezg N, Chelbi A. Integrated model of preventive maintenance, quality control and buffer sizing for unreliable and imperfect production systems [J]. International Journal of Production Research, 2009, 47 (2): 389 –402.

[141] Radhoui M, Rezg N, Chelbi A. Joint quality control and preventive maintenance strategy for imperfect production processes [J]. Journal of Intelligent Manufacturing, 2010, 21 (2): 205 –212.

[142] Rafiee K, Feng Q, Coit D W. Condition – based maintenance for repairable deteriorating systems subject to a generalized mixed shock model [J]. IEEE Transactions on Reliability, 2015, 64 (4): 1164 –1174.

[143] Rausch M, Liao H. Joint production and spare part inventory control strategy driven by condition based maintenance [J]. IEEE Transactions on Reliability, 2010, 59 (3): 507 –516.

[144] Rezg N, Xie X, Mati Y. Joint optimization of preventive maintenance and inventory control in a production line using simulation [J]. International Journal of Production Research, 2004, 42 (10): 2029 –2046.

[145] Rivera – Gomez H, Gharbi A, Kenné J P. Joint control of production, overhaul, and preventive maintenance for a production system subject to quality and reliability deteriorations [J]. The International Journal of Advanced Manufacturing Technology, 2013a, 69 (9 – 12): 2111 –2130.

[146] Rivera – Gómez H, Gharbi A, Kenné J P. Joint production and major maintenance planning policy of a manufacturing system with deteriorating quality [J]. International Journal of Production Economics, 2013b, 146 (2): 575 –587.

[147] Rivera – Gómez H, Gharbi A, Kenné J P. Production and quality control policies for deteriorating manufacturing system [J]. International Journal of Production Research, 2013c, 51 (11): 3443 –3462.

[148] Rezaei – Malek M, Mohammadi M, Dantan J Y, et al. A review on optimisation of part quality inspection planning in a multi – stage manufacturing system [J]. International Journal of Production Research, 2018, 31 (9): 1 –18.

[149] Rezaei – Malek M, Tavakkoli – Moghaddam R, et al. A novel model for the integrated planning of part quality inspection and preventive maintenance in a linear – deteriorating serial multi – stage manufacturing system [J]. The International Journal of Advanced Manufacturing Technology, 2018b, 96 (9 – 12): 3633 –3650.

[150] Ruifeng C, Subramaniam V. Increasing production rate in Kanban controlled assembly lines through preventive maintenance [J]. International Journal of Production Research, 2012, 50 (4): 991 –1008.

[151] Sabri – Laghaie K, Mansouri M, Motaghedi – Larijani A, et al. Combining a maintenance center M/M/c/m queue into the economic production quantity model with stochastic machine breakdowns and repair [J]. Computers & Industrial Engineering, 2012, 63 (4): 864 – 874.

[152] Safaei N, Banjevic D, Jardine A K S. Impact of the use – based maintenance policy on the performance of cellular manufacturing systems [J]. International Journal of Production Research, 2010, 48 (8): 2233 – 2260.

[153] Salomon M. Multi – stage production planning and inventory control [J]. Lectures Notes in Economics and Mathematical Systems, 1991 (355): 92 – 108.

[154] Salmasnia A, Abdzadeh B, Namdar M. A joint design of production run length, maintenance policy and control chart with multiple assignable causes [J]. Journal of Manufacturing Systems, 2017 (42): 44 – 56.

[155] Sana S S. An economic production lot size model in an imperfect production system [J]. European Journal of Operational Research, 2010, 201 (1): 158 – 170.

[156] Sarkar S, Shewchuk J P. Use of advance demand information in multi – stage production – inventory systems with multiple demand classes [J]. International Journal of Production Research, 2013, 51 (1): 57 – 68.

[157] Sarkar B, Cárdenas – Barrón L E, Sarkar M, et al. An economic production quantity model with random defective rate, rework process and backorders for a single stage production system [J]. Journal of Manufacturing Systems, 2014, 33 (3): 423 – 435.

[158] Sett B K, Sarkar S, Sarkar B. Optimal buffer inventory and inspection errors in an imperfect production system with preventive maintenance [J]. The International Journal of Advanced Manufacturing Technology, 2017, 90 (1 – 4): 545 – 560.

[159] Shafiee M, Finkelstein M. An optimal age – based group maintenance policy for multi – unit degrading systems [J]. Reliability Engineering & System Safety, 2015 (134): 230 – 238.

[160] Shahriari M, Shoja N, Zade A E, et al. JIT single machine scheduling problem with periodic preventive maintenance [J]. Journal of Industrial Engineering International, 2016, 12 (3): 299 – 310.

[161] Shen J, Elwany A, Cui L. Reliability analysis for multi – component systems with degradation interaction and categorized shocks [J]. Applied Mathematical Modelling, 2018 (56): 487 – 500.

[162] Shi J, Zhou S. Quality control and improvement for multistage systems: A survey [J].

IIE Transactions, 2009, 41 (9): 744 – 753.

[163] Shi X, Shen H, Wu T, et al. Production planning and pricing policy in a make – to – stock system with uncertain demand subject to machine breakdowns [J]. European Journal of Operational Research, 2014, 238 (1): 122 – 129.

[164] Shib S S. Preventive maintenance and optimal buffer inventory for products sold with warranty in an imperfect production system [J]. International Journal of Production Research, 2012, 50 (23): 6763 – 6774.

[165] Smidt – Destombes K S, van der Heijden M C, van Harten A. Joint optimisation of spare part inventory, maintenance frequency and repair capacity for k – out – of – N systems [J]. International Journal of Production Economics, 2009, 118 (1): 260 – 268.

[166] Suliman S M A, Jawad S H. Optimization of preventive maintenance schedule and production lot size [J]. International Journal of Production Economics, 2012, 137 (1): 19 – 28.

[167] Sun Y, Ma L, Purser M, et al. Optimisation of the reliability based preventive maintenance strategy [M] //Engineering Asset Lifecycle Management. London: Springer, 2010: 405 – 410.

[168] Tian Z, Wu B, Chen M. Condition – based maintenance optimization considering improving prediction accuracy [J]. Journal of the Operational Research Society, 2014, 65 (9): 1412 – 1422.

[169] Van P D, Bérenguer C. Condition – based maintenance with imperfect preventive repairs for a deteriorating production system [J]. Quality and Reliability Engineering International, 2012, 28 (6): 624 – 633.

[170] Wade M, Woodall W. A Review and Analysis of Cause – Selecting Control Charts [J]. Journal of Quality Technology, 1993, 25 (25): 161 – 169.

[171] Wan J, Tang S, Li D, et al. A manufacturing big data solution for active preventive maintenance [J]. IEEE Transactions on Industrial Informatics, 2017, 13 (4): 2039 – 2047.

[172] Wang H. A survey of maintenance policies of deteriorating systems [J]. European Journal of Operational Research, 2002a, 139 (3): 469 – 489.

[173] Wang J, Cao J, Liu B. Unreliable production – inventory model with a two – phase Erlang demand arrival process [J]. Computers & Mathematics with Applications, 2002b, 43 (1 – 2): 1 – 13.

[174] Wee H M, Yu J, Chen M C. Optimal inventory model for items with imperfect quality and shortage backordering [J]. Omega, 2007, 35 (1): 7 – 11.

[175] Wei W, Coolen K, Nobibon F T, et al. Minimum – cost diagnostic strategies for k – out – of – n systems with imperfect tests [J]. Discrete Applied Mathematics, 2017 (222): 185 – 196.

[176] Widyadana G A, Wee H M. Optimal deteriorating items production inventory models with random machine breakdown and stochastic repair time [J]. Applied Mathematical Modelling, 2011, 35 (7): 3495 – 3508.

[177] Widyadana G A, Wee H M. An economic production quantity model for deteriorating items with preventive maintenance policy and random machine breakdown [J]. International Journal of Systems Science, 2012, 43 (10): 1870 – 1882.

[178] Xiang L, Tsung F. Statistical monitoring of multi – stage processes based on engineering models [J]. IIE transactions, 2008, 40 (10): 957 – 970.

[179] Xin L I, Cai J, Zuo H, et al. Joint optimization of sampling interval and control for condition – based maintenance using availability maximization criterion [J]. Journal of Systems Engineering & Electronics, 2018 (1).

[180] Xu M, Jin X, Kamarthi S, et al. A failure – dependency modeling and state discretization approach for condition – based maintenance optimization of multi – component systems [J]. Journal of Manufacturing Systems, 2018 (47): 141 – 152.

[181] Yang L, Ma X, Peng R, et al. A preventive maintenance policy based on dependent two – stage deterioration and external shocks [J]. Reliability Engineering & System Safety, 2017 (160): 201 – 211.

[182] Yao Y, Meng C, Wang C, et al. Preventive Maintenance Policies for Equipment Under Condition Monitoring Based on Two Types of Failure Rate [J]. Journal of Failure Analysis and Prevention, 2016, 16 (3): 457 – 466.

[183] Ye Z S, Shen Y, Xie M. Degradation – based burn – in with preventive maintenance [J]. European Journal of Operational Research, 2012, 221 (2): 360 – 367.

[184] Yuan L. Reliability analysis for a k – out – of – n: G system with redundant dependency and repairmen having multiple vacations [J]. Applied Mathematics and Computation, 2012, 218 (24): 11959 – 11969.

[185] Zeng L, Zhou S. Impacts of measurement errors and regressor selection on regression adjustment monitoring of multistage manufacturing processes [J]. IIE Transactions, 2008, 40 (2): 109 – 121.

[186] Zequeira R I, Valdes J E, Berenguer C. Optimal buffer inventory and opportunistic pre-

ventive maintenance under random production capacity availability [J]. International Journal of Production Economics, 2008, 111 (2): 686 – 696.

[187] Zhang G X. Cause – selecting control charts: a new type of quality control charts [J]. The QR Journal, 1985, 12 (4): 221 – 225.

[188] Zhang M, Xie M, Gaudoin O. A bivariate maintenance policy for multi – state repairable systems with monotone process [J]. IEEE Transactions on Reliability, 2013, 62 (4): 876 – 886.

[189] Zhang M, Ye Z, Xie M. A condition – based maintenance strategy for heterogeneous populations [J]. Computers & Industrial Engineering, 2014 (77): 103 – 114.

[190] Zhang M, Gaudoin O, Xie M. Degradation – based maintenance decision using stochastic filtering for systems under imperfect maintenance [J]. European Journal of Operational Research, 2015, 245 (2): 531 – 541.

[191] Zhao X, Nakagawa T, Qian C. Optimal imperfect preventive maintenance policies for a used system [J]. International Journal of Systems Science, 2012a, 43 (9): 1632 – 1641.

[192] Zhao X, Nakagawa T. Optimization problems of replacement first or last in reliability theory [J]. European Journal of Operational Research, 2012b, 223 (1): 141 – 149.

[193] Zhao X, Qian C, Nakagawa T. Optimal policies for cumulative damage models with maintenance last and first [J]. Reliability Engineering & System Safety, 2013 (110): 50 – 59.

[194] Zhao X, Nakagawa T, Zuo M J. Optimal Replacement Last With Continuous and Discrete Policies [J]. IEEE Trans. Reliability, 2014, 63 (4): 868 – 880.

[195] Zhao X, Mizutani S, Nakagawa T. Which is better for replacement policies with continuous or discrete scheduled times? [J]. European Journal of Operational Research, 2015, 242 (2): 477 – 486.

[196] Zhao X, Al – Khalifa K N, Hamouda A M, et al. First and last triggering event approaches for replacement with minimal repairs [J]. IEEE Transactions on Reliability, 2016, 65 (1): 197 – 207.

[197] Zhou X, Xi L, Lee J. Reliability – centered predictive maintenance scheduling for a continuously monitored system subject to degradation [J]. Reliability Engineering and System Safety, 2007, 92 (4): 530 – 534.

[198] Zhou L, Li W, Zeng L, et al. Graphics model analysis for the grid equipment condition – based maintenance [C] //Power and Energy Engineering Conference (APPEEC), 2014 IEEE PES Asia – Pacific, 2014: 1 – 5.

［199］Zio E, Compare M. Evaluating maintenance policies by quantitative modeling and analysis ［J］. Reliability Engineering & System Safety, 2013（109）：53 – 65.

［200］Zou C, Tsung F. Directional MEWMA schemes for multistage process monitoring and diagnosis ［J］. Journal of Quality Technology, 2008, 40（4）：407 – 427.

［201］李杰（Jay Lee）. 工业大数据 ［M］. 邱伯华, 等, 译. 北京：机械工业出版社, 2016.

［202］陈荣秋, 马士华. 生产运作管理 ［M］. 4 版. 北京：机械工业出版社, 2013.

［203］工业和信息化部. 中国制造 2025 解读材料 ［M］. 北京：电子工业出版社, 2016.

［204］国家制造强国建设战略咨询委员会. 中国制造 2025 蓝皮书（2017）［M］. 北京：电子工业出版社, 2017.

［205］国家制造强国建设战略咨询委员会. 中国制造 2025 蓝皮书（2018）［M］. 北京：电子工业出版社, 2018.

［206］陈志祥. 生产与运作管理 ［M］. 3 版. 北京：机械工业出版社, 2017.

［207］赖新峰, 陈志祥. 不完备生产和多种维护策略下的生产批量决策与优化 ［M］. 北京：经济管理出版社, 2018.

［208］林元烈. 应用随机过程 ［M］. 北京：清华大学出版社, 2002.

［209］潘家轺. 现代生产管理学（第三版）［M］. 北京：清华大学出版社, 2011.

［210］韦林. 设备管理 ［M］. 北京：机械工业出版社, 2015.

［211］吴爱华. 生产计划与控制 ［M］. 北京：机械工业出版社, 2013.

［212］周瑜. 可修系统维护管理及决策优化研究 ［M］. 北京：科学出版社, 2016.